高等院校理工类精品教材

U0648186

Applied Information Theory

应用信息论

陆成刚 ◎编著

ZHEJIANG UNIVERSITY PRESS
浙江大学出版社

内容概要

本书从信息熵的概念入手,介绍了信息熵在数据处理、压缩编码和信道编码理论中的应用。作为一本应用信息论教材,本书还介绍了一些常用的压缩编码算法、信道编码算法以及线路编码等实用的编码方法。本书着力于从信息熵角度研究密码学理论的一些概念,也介绍了一些具体的密码学加解密算法。本书每个章节都附有丰富的习题,可供理工类大学高年级的信息论课程教学使用。

图书在版编目(CIP)数据

应用信息论 / 陆成刚编著. —杭州:浙江大学出版社,2021.12
ISBN 978-7-308-22051-4

Ⅰ.①应… Ⅱ.①陆… Ⅲ.①信息论 Ⅳ.①G201

中国版本图书馆 CIP 数据核字(2021)第 248567 号

应用信息论

陆成刚 编著

责任编辑	王 波	
责任校对	吴昌雷	
封面设计	春天书装	
出版发行	浙江大学出版社	
	(杭州市天目山路 148 号 邮政编码 310007)	
	(网址:http://www.zjupress.com)	
排 版	杭州青翊图文设计有限公司	
印 刷	广东虎彩云印刷有限公司绍兴分公司	
开 本	880mm×1230mm 1/32	
印 张	4.375	
字 数	130 千	
版 印 次	2021 年 12 月第 1 版 2021 年 12 月第 1 次印刷	
书 号	ISBN 978-7-308-22051-4	
定 价	28.00 元	

前　言

今天我们生活在信息时代,这是个以"地球村"和"机器人"为标志的时代。在人类文明进入这个时代的征程上,诞生了很多伟大的发明和理论,其中香农创建的信息论是一个永恒的经典。在 19 世纪下半叶电气时代开启之际,亚历山大·贝尔发明了电话,到第一次世界大战结束后不久,电话即实现了商业化运营。为了提高电话电路的复用效率,语音的离散采样技术开始应用,奈奎斯特就在那时发明了采样定理。及至二次世界大战结束时,计算机的发明以及稍后数字集成电路的发明使得数字通信成为可能,香农正在那时提出了通信的数学原理的理论。随后,20 世纪 50 年代工程师们一度碰到棘手的线路噪声干扰的问题,数学博士出身的理查德·汉明使用一个新颖的角度解决了问题,从而诞生了汉明信道编码算法。与此同时,香农又研究了数字通信下的保密技术的原理,从而使得古老的密码学从一门艺术变成真正的科学技术。六七十年代又出现了非对称公钥密码系统,进一步促进了密码技术的应用普及,今天如火如荼的量子(密钥)通信正是践行香农一次一密理论的一个实际解决方案。现在,一方面人类的芯片计算密度的摩尔定律已经失效,另外一方面,随着 4G、5G 的普及应用,通信带宽的瓶颈也越来越凸显,同时信息论和计算理论也越来越深度融合,人们正期待着更多的伟大发明和应用的涌现。

在今天世界各国的大学里,在应用数学、通信以及电子工程专业的课程体系里,信息论是一门必修的专业课。本书是作者在浙江工业大学数学系和计算机系进行信息论教学的讲义的总结,限于作者的水平,错误之处不可避免,希冀广大读者指正。

目　录

第一章　信息熵 ……………………………………………… 1

第一节　概率统计回顾 ………………………………… 1

第二节　信息熵的定义 ………………………………… 8

第三节　数据处理和信息熵 …………………………… 14

习题 ……………………………………………………… 16

第二章　信源编码 …………………………………………… 19

第一节　信源编码 ……………………………………… 19

第二节　定长到定长的块编码 ………………………… 21

第三节　无损信源编码 ………………………………… 25

第四节　几乎无损 FFB 码 …………………………… 27

第五节　完美无损 FVB 码 …………………………… 29

第六节　算术编码 ……………………………………… 36

第七节　LZW 编码 …………………………………… 43

习题 ……………………………………………………… 47

第三章　信道编码 …………………………………………… 54

第一节　贝叶斯估计 …………………………………… 54

第二节　互信息和信道容量 …………………………… 61

第三节　信道编码 ……………………………………… 71

第四节　线性码 ………………………………………… 74

第五节　汉明码和循环码 ………………………………… 80
习题 ……………………………………………………… 86

第四章　线路编码 ………………………………………… 93
第一节　有线线路编码 …………………………………… 94
第二节　光纤线路编码 …………………………………… 97
第三节　微波通信的数字信号调制 ……………………… 100
习题 ……………………………………………………… 101

第五章　密码理论 ………………………………………… 103
第一节　一次一密 ………………………………………… 103
第二节　对称密码体制 …………………………………… 106
第三节　非对称密码体制 ………………………………… 114
第四节　RSA 密码 ………………………………………… 117
第五节　TOY 级非对称密码 ……………………………… 121
习题 ……………………………………………………… 130

参考文献 …………………………………………………… 132

第一章　信息熵

第一节　概率统计回顾

信息论鼻祖克劳德·香农（Claude Shannon）曾经说过，通信的基本问题就是如何在一个点精确或近似地恢复在另外一个点被选择的消息。为此，信息论的核心内容即为怎样测量信息，具体地说，是怎样压缩数据以及怎样在不完美的噪声信道上进行完美的通信。

噪声信道的例子有电话金属线、深空探测器、计算机磁盘数据存储、人类繁殖遗传现象等。电话金属线接通电流产生热噪声，太空中充满了电磁辐射噪声，磁盘存储中器件的电路噪声，以及人类遗传中的基因变异，等等，这些都可以看作是带噪声通信的例子。广义地说，任何一种数据处理系统，只要带有数据输入和数据输出，那么它就可以看作是一个通信系统。自然，数据的加密解密处理也可以看作一个信道。因此，作为一门研究通信系统所遵循的规律的学问，信息论具有深刻的理论意义和广泛的实际意义。

本章介绍信息论中最重要的概念——信息熵，为此，本节首先简要回顾一下概率统计的基本知识。

1. 随机事件及其概率

先定义一个可测空间 Ω 在 F 中。如果一个集合 A 在 F 中，那么它的补集 A^c 也在 F 中。

如果有可数个集合 $A_1, A_2, \cdots, A_n, \cdots$ 都在 F 中，那么它们的并

集也在 F 中。用数学语言来表示，就是

$$\Omega \in F$$

$$A \in F \Rightarrow A^c \in F$$

$$(\forall n \in \mathbf{N} \quad A_n \in F) \Rightarrow \bigcup_{n=1}^{\infty} A_n \in F$$

记号 (X, F) 称为一个可测空间。(Ω, F, P) 称为概率空间，如果 P 是一个概率测度，也就是说它必须符合：

(1)空集的测度为零：$P(\varnothing) = 0$。

(2)σ 可加性：若 $A_1, A_2, \cdots$ 为 F 中可数个两两不交的集合的序列，则所有 A_i 的并集的测度，等于每个 A_i 的测度之总和：$P(\bigcup_{i=1}^{\infty} A_i) = \sum_{i=1}^{\infty} P(A_i)$ 。

(3)值在 0 和 1 之间并且 $P(\Omega) = 1$。

随机变量是一个 F 可测的函数。

概率空间的定义符合我们日常所说的概率的公理。我们称 Ω 为样本空间，F 为事件集合，其子集为随机事件。以扔硬币为例：如果是一个有 A、B 两面的硬币，$\Omega = \{A, B\}$。假设我们赌"A"，如果赢的话我们可以得到一块钱，输的话就输一块钱，这种情况可以用一个随机变量 $X : \Omega \rightarrow R$ 来表示。

$$X(A) = 1, X(B) = -1$$

如果这个硬币没有做过手脚，那么随机事件 A 的概率 $P(A) = P(X = 1) = 0.5$，随机事件 B 的概率 $P(B) = P(X = -1) = 0.5$，符合 σ 可加性。

如果我们同时扔两个硬币，则有

$$\Omega = \{(A, A), (A, B), (B, A), (B, B)\}$$

以下简单介绍概率论的几个概念。

随机试验：满足下列三个条件的试验称为随机试验：①试验在相同条件下可重复；②试验结果可能不止一个，且所有可能结果都是已知的；③每次试验出现哪一个结果是未知的。随机试验以后简称为试验，并常记为 E。

例如：

E_1：掷骰子，观察出现的数目；

E_2：上抛硬币两次，观察正反两面出现的情况；

E_3：观察某电话交换台在某段时间内接到的呼叫次数。

随机事件：在试验中可能出现、也可能不出现的事件，称为随机事件，常记为 $A, B, C, \cdots$

例如，在 E_1 中，A 表示"掷出 2 点"，B 表示"掷出偶数点"，均是随机事件。

必然事件和不可能事件：每次试验一定发生的事情，称为必然事件，记为 Ω；每次试验都不可能发生的事情称为不可能事件，记为 $\varnothing$。

例如，在 E_1 中，"掷出不大于 6 点"的事件便是必然事件，而"掷出大于 6 点"的事件便是不可能事件。以后，随机事件、必然事件和不可能事件统称为事件。

基本事件：试验中直接观察到的最简单的结果称为基本事件。

例如，在 E_1 中，"掷出 1 点"，"掷出 2 点"，$\cdots$，"掷出 6 点"均为此试验的基本事件。

由基本事件构成的事件称为复合事件，例如，在 E_1 中"掷出偶数点"便是复合事件。

样本空间：从集合观点看，称构成基本事件的元素为样本点，常记为 e。

例如，在 E_1 中，用数字 $1, 2, \cdots, 6$ 表示掷出的点数，而由它们分别构成的单点集 $\{1\}, \{2\}, \cdots, \{6\}$ 便是 E_1 中的基本事件。在 E_2 中，用 H 表示正面，T 表示反面，此试验的样本点有 $(H, H), (H, T), (T, H), (T, T)$，其基本事件就是 $\{(H, H)\}, \{(H, T)\}, \{(T, H)\}, \{(T, T)\}$。显然，任何事件均为某些样本点构成的集合。

例如，在 E_1 中掷出偶数点的事件可表示为 $\{2, 4, 6\}$。试验中所有样本点构成的集合称为样本空间，记作 Ω。

例如，在 E_1 中 $\Omega = \{1, 2, 3, 4, 5, 6\}$

在 E_2 中 $\Omega = \{(H, H), (H, T), (T, H), (T, T)\}$

在 E_3 中 $\Omega = \{1, 2, \cdots\}$

事件的关系与运算。包含:如果事件 A 的发生必然导致事件 B 发生,则称事件 B 包含事件 A,记作 $B \supseteq A$。积:事件 A 和 B 同时发生,记作 $B \bigcap A$ 或 AB。差:事件 A 发生但事件 B 不发生的事件称 A 减 B 的差事件,简称差事件,记作 $A-B$。互不相容:若事件 A 和事件 B 不能同时发生,即 $AB = \varnothing$,则称 A 与 B 是互不相容的。对立:称事件 A 不发生的事件为 A 的对立事件。

2. 大数定律和中心极限定理

大数定律和中心极限定理是概率统计理论的基石。古典概率论中的频率学派就是使用事件发生的频率来描述概率,其背后的原理就是大数定律,而中心极限定理是大数定律的深化。

随机变量的依概率收敛:设 $X_1, X_2, \cdots, X_n, \cdots$ 为随机变量序列,X 为随机变量,若对任意的正数 ε 有 $\lim\limits_{n \to \infty} P(|X_n - X| \geq \varepsilon) = 0$ 或 $\lim\limits_{n \to \infty} P(|X_n - X| < \varepsilon) = 1$,则称 X_n 依概率收敛于 X,记为 $X_n \xrightarrow{p} X$。

由于方差 $D(X)$ 用来描述随机变量 X 的取值在其期望 $E(X)$ 附近振荡的程度,因此,对任意的正数 ε,事件 $(|X - E(X)| \geq \varepsilon)$ 发生的概率应与 $D(X)$ 有关,而这种关系用数学形式表示出来就是切比雪夫不等式。

切比雪夫不等式

设随机变量 X 的数学期望 $E(X)$ 和方差 $D(X)$ 存在,则对于任意正数 ε,不等式 $P(|X - E(X)| \geq \varepsilon) \leq \dfrac{D(X)}{\varepsilon^2}$。

证明:

$$P(|X - E(X)| \geq \varepsilon) = P\left(\frac{|X - E(X)|}{\varepsilon} \geq 1\right) = \int_{\frac{|X-E(X)|}{\varepsilon} \geq 1} p(X)\mathrm{d}X$$

$$\leq \int_{\frac{|X-E(X)|}{\varepsilon} \geq 1} \frac{|X - E(X)|}{\varepsilon} p(X)\mathrm{d}X \leq \int_{\frac{|X-E(X)|}{\varepsilon} \geq 1} \frac{|X - E(X)|^2}{\varepsilon^2} p(X)\mathrm{d}X$$

$$\leq \frac{1}{\varepsilon^2} \int_{-\infty}^{+\infty} |X - E(X)|^2 p(X)\mathrm{d}X = \frac{D(X)}{\varepsilon^2}。\text{证毕}。$$

切比雪夫不等式的重要意义在于在随机变量未知的情况下,仅基于其数学期望和方差即可对该变量的概率分布进行估计。

切比雪夫大数定律

设两两独立的随机变量 X_1,X_2,$\cdots$,X_n,$\cdots$ 的数学期望 $E(X_1)$,$E(X_2)$,$\cdots$,$E(X_n)$,$\cdots$ 和方差 $D(X_1)$,$D(X_2)$,$\cdots$,$D(X_n)$,$\cdots$ 都存在,并且方差是一致有上界,即存在常数 C 使得 $D(X_i)\leqslant C$,$i=1,2,\cdots,n,\cdots$,则对任意的正数 ε,有 $\lim\limits_{n\to+\infty}P\left(\left|\dfrac{1}{n}\sum\limits_{i=1}^{n}X_i-\dfrac{1}{n}\sum\limits_{i=1}^{n}E(X_i)\right|<\varepsilon\right)=1$。

证明:$\dfrac{1}{n}\sum\limits_{i=1}^{n}X_i$ 的数学期望为 $\dfrac{1}{n}\sum\limits_{i=1}^{n}E(X_i)$,方差为 $\dfrac{1}{n^2}\sum\limits_{i=1}^{n}D(X_i)$,由切比雪夫不等式得到

$$P\left(\left|\frac{1}{n}\sum_{i=1}^{n}X_i-\frac{1}{n}\sum_{i=1}^{n}E(X_i)\right|\geqslant\varepsilon\right)\leqslant\frac{\sum\limits_{i=1}^{n}D(X_i)}{n^2\varepsilon^2}$$
$$\leqslant\frac{nC}{n^2\varepsilon^2}=\frac{C}{n\varepsilon^2}\xrightarrow{n\to+\infty}0$$

即

$$\lim_{n\to+\infty}P\left(\left|\frac{1}{n}\sum_{i=1}^{n}X_i-\frac{1}{n}\sum_{i=1}^{n}E(X_i)\right|<\varepsilon\right)=1$$

证毕。

切比雪夫大数定律的统计意义:当一随机序列的数学期望和方差都存在,且方差一致有上界时,经过算术平均后的随机变量随着序列长度的增加依概率收敛到该序列的数学期望。

伯努利大数定律

伯努利大数定律是切比雪夫大数定律的一个推论,伯努利大数定律刻画了概率可以使用频率的极限来描述。设 n_A 为 n 重伯努利试验中事件 A 发生的次数,又设在每次试验中事件 A 发生的概率 $P(A)=p$,则对于任意的正数 ε,当试验的次数 $n\to\infty$ 时,有

$$\lim_{n\to\infty}P\left(\left|\frac{n_A}{n}-p\right|<\varepsilon\right)=1$$

证明：知 $E(n_A) = np$ 和 $D(n_A) = np(1-p)$，由切比雪夫不等式得到

$$P(|n_A - np| \geqslant n\varepsilon) \leqslant \frac{np(1-p)}{n^2\varepsilon^2} = \frac{p(1-p)}{n\varepsilon^2}$$

而

$$P\left(\left|\frac{n_A}{n} - p\right| \geqslant \varepsilon\right) = P(|n_A - np| \geqslant n\varepsilon)$$

则

$$P\left(\left|\frac{n_A}{n} - p\right| \geqslant \varepsilon\right) \leqslant \frac{np(1-p)}{n^2\varepsilon^2} = \frac{p(1-p)}{n\varepsilon^2} \xrightarrow{n \to \infty} 0$$

即

$$\lim_{n\to\infty} P\left(\left|\frac{n_A}{n} - p\right| < \varepsilon\right) = 1$$

证毕。

伯努利大数定律的统计意义：当试验在相同条件下重复进行很多次时，随机事件 A 的频率 $f_n(A) = \frac{n_A}{n}$，将稳定在事件 A 的概率 $P(A) = p$ 附近，即频率收敛于概率。

中心极限定理

中心极限定理是研究独立随机变量和的极限分布是正态分布的命题。科学家经过长期的观察和总结，发现服从正态分布的随机现象往往是由独立（或弱相依）的随机变量产生的。这类随机现象往往可视为独立随机变量之和 $\sum\limits_{i=1}^{n} x_i$ 在什么条件下渐近于正态分布的问题。为使问题规范化，数学家们将问题归结为讨论规范和 $\dfrac{\sum\limits_{i=1}^{n} x_i - E\left(\sum\limits_{i=1}^{n} x_i\right)}{\sqrt{D\left(\sum\limits_{i=1}^{n} x_i\right)}}$

有渐近分布 $N(0,1)$ 的条件，并称有此结论的随机序列 $\{x_n\}$ 服从中心极限定理，即

$$\frac{\sum\limits_{i=1}^{n} x_i - E\left(\sum\limits_{i=1}^{n} x_i\right)}{\sqrt{D\left(\sum\limits_{i=1}^{n} x_i\right)}} \sim N(0,1)$$

独立同分布的中心极限定理(林德贝格 - 勒维中心极限定理)

设 $\{x_n\}$ 是独立同分布的随机变量序列,且 $E(x_i)=\mu$, $D(x_i)=$

σ^2, $i=1,2,\cdots,n,\cdots$, 则随机变量 $Z_n = \dfrac{\sum\limits_{i=1}^{n} x_i - E\left(\sum\limits_{i=1}^{n} x_i\right)}{\sqrt{D\left(\sum\limits_{i=1}^{n} x_i\right)}} =$

$\dfrac{\sum\limits_{i=1}^{n} x_i - n\mu}{\sqrt{n\sigma^2}}$ 的分布函数 $F_n(x)$ 收敛于标准正态分布的分布函数

$\Phi(x)$, 即对于任意的实数 x 有

$$\lim_{n\to\infty} P\left(\frac{\sum\limits_{i=1}^{n} x_i - n\mu}{\sqrt{n\sigma^2}} \leqslant x\right) = \int_{-\infty}^{x} \frac{1}{\sqrt{2\pi}} \mathrm{e}^{-\frac{t^2}{2}} \mathrm{d}t = \Phi(x)$$

当 n 充分大时,有

(1)随机变量 $Y_n = \sum\limits_{i=1}^{n} x_i$ 近似服从 $N(n\mu,n\sigma^2) = \Phi\left(\dfrac{b-n\mu}{\sqrt{n\sigma^2}}\right)$;

(2) $\bar{x} = \dfrac{1}{n}\sum\limits_{i=1}^{n} x_i$ 近似服从 $N\left(\mu,\dfrac{\sigma^2}{n}\right)$。

德莫佛 - 拉普拉斯中心极限定理

设在独立试验序列中,事件 A 发生的概率为 p,随机变量 n_A 表示事件 A 在 n 次试验中发生的次数,即 n_A 服从二项分布,则对任意实数 x,有

$$\lim_{n\to\infty} P\left(\frac{n_A - np}{\sqrt{np(1-p)}} \leqslant x\right) = \int_{-\infty}^{x} \frac{1}{\sqrt{2\pi}} \mathrm{e}^{-\frac{t^2}{2}} \mathrm{d}t = \Phi(x)$$

当 n 充分大时,服从二项分布的随机变量 n_A 将近似地服从正态分布,因此当 n 较大时,可以用正态分布来近似地计算二项分布:

$$P(a < n_A < b) \approx \Phi\left(\frac{b-np}{\sqrt{np(1-p)}}\right) - \Phi\left(\frac{a-np}{\sqrt{np(1-p)}}\right)$$

3. 随机过程（平稳随机过程、马尔可夫过程）

关于参数 μ 的随机变量族 $\{X(\mu)\}$ 称为**随机过程**，参数 μ 可以表示时间，也可以表示空间位置坐标，或者是更多维的矢量参数。参数 μ 可以是离散的，也可以是连续的。当参数 μ 只能取有限的几个离散值时，$\{X(\mu)\}$ 即为随机矢量；当参数 μ 表示一维离散时间值时，$\{X(\mu)\}$ 即为时间序列。例如房间的温度变量关于时间就是一个随机过程，房间空间中每一点的温度关于该点的三维坐标也是一个随机过程，房间空间中每一点的不同时刻的温度关于该点坐标和时间是一个随机过程。

设 μ 为一维参数，**平稳随机过程**是一种特殊的随机过程，即在参数间隔 $\mu_1 \leqslant \mu \leqslant \mu_2$ 里的联合概率分布，与将这段间隔任意平移后的新间隔 $\mu_1 + \tau \leqslant \mu \leqslant \mu_2 + \tau$ 之联合概率分布相等。这样，数学期望和方差这些参数也不随时间或位置变化。例如，白噪声（AWGN）就是平稳过程，铙钹的敲击声是非平稳的。尽管铙钹的敲击声基本上是白噪声，但是这个噪声随着时间变化：在敲击前是安静的，在敲击后声音逐渐减弱。

对时间序列 $\{X_n = x_n\}_{n=1}^{+\infty}$，当前时刻 n 的取值 x_n 只与之前 m 个时刻的取值有关，与其他时刻无关，即如下的概率等式成立：

$$P(x_n | x_{n-1}, x_{n-2}, \cdots, x_{n-m}) =$$
$$P(x_n | x_{n-1}, x_{n-2}, \cdots, x_{n-m}, x_{n-m-1}, \cdots)$$

则称时间序列 $\{X_n\}_{n=1}^{+\infty}$ 是 m **阶马尔可夫过程**。无记忆过程即 $m=0$，**一阶马尔可夫过程**就是当前时刻取值只与前一时刻有关。

第二节　信息熵的定义

事件的自信息

若事件 A 发生的概率为 p_A，则定义它的自信息为 $I_A = -\log_a p_A$，

其中对数的底数 a 为 2 时自信息的单位为比特,底数 a 为自然常数 e 时单位为奈特,底数 a 为 10 时单位为哈特。当底数 a 为 2 时可以省略。

信息熵

离散随机变量 X 的概率分布为 $\{p_1,p_2,\cdots,p_n\}$,则随机变量 X 的信息熵 $H(X)=-\sum_{i=1}^{n}p_i\log p_i=\sum_{i=1}^{n}p_iI_i$,它是概率分布的每一个样本点的自信息的加权平均。必然事件 E_1 和它的对立事件 E_2(不可能事件)组成的系统的信息熵为 $1\cdot\log1+0\cdot\log0=0$。

联合熵

随机变量 X 和 Y 的联合概率分布为 $p(x_i,y_j),i=1,2,\cdots n;j=1,2,\cdots,m$,于是随机变量 (X,Y) 的联合熵为 $H(X,Y)=-\sum_{j=1}^{m}\sum_{i=1}^{n}p(x_i,y_j)\log p(x_i,y_j)$。

条件熵

在知道 Y 的情况下随机变量 X 的信息熵:

$$H(X\mid Y)=\sum_{j=1}^{m}p(y_j)H(X\mid y_j)$$
$$=\sum_{j=1}^{m}p(y_j)\left(-\sum_{i=1}^{n}p(x_i\mid y_j)\log p(x_i\mid y_j)\right)$$
$$=-\sum_{j=1}^{m}\sum_{i=1}^{n}p(x_i,y_j)\log p(x_i\mid y_j)$$

熵的性质

①对称性:$H_n(p_1,p_2,p_3,\cdots)=H_n(p_2,p_1,p_3,\cdots)$。

②非负性:$H(p)\geqslant0$。

③可加性:$H_n(p_1,p_2,\cdots,p_n)=H_k\left(p_1,p_2,\cdots,p_k,1-\sum_{i=1}^{k}p_i\right)+$

$(1-\sum_{i=1}^{k}p_i)H\left[\dfrac{p_{k+1}}{1-\sum_{i=1}^{k}p_i},\dfrac{p_{k+2}}{1-\sum_{i=1}^{k}p_i},\cdots,\dfrac{p_n}{1-\sum_{i=1}^{k}p_i}\right]$ 其中 $\left\{p_1,p_2,\right.$

$$\cdots, p_k, 1 - \sum_{i=1}^{k} p_i \right\} \text{ 与 } \left\{ \frac{p_{k+1}}{1 - \sum\limits_{i=1}^{k} p_i}, \frac{p_{k+2}}{1 - \sum\limits_{i=1}^{k} p_i}, \cdots, \frac{p_n}{1 - \sum\limits_{i=1}^{k} p_i} \right\} \text{ 为拆分}$$

生成的两个概率分布。

④Gibbs 不等式,两个概率分布 $(p_1, p_2, \cdots, p_n)$ 和 $(q_1, q_2, \cdots, q_n)$

满足 $\sum\limits_{i=1}^{n} p_i \log \dfrac{p_i}{q_i} \geqslant 0$ 或 $\sum_{i=1}^{n} p_i \log p_i \geqslant \sum_{i=1}^{n} p_i \log q_i$。

⑤极值性：$H(p_1, p_2, \cdots, p_n) = -\sum\limits_{i=1}^{n} p_i \log p_i \leqslant \log n$，当 $p_1 = p_2$

$= \cdots = p_n = \dfrac{1}{n}$ 时取到等号。

⑥ $H(X, Y) = H(Y) + H(X|Y) = H(X) + H(Y|X)$。

⑦随机变量 Y 是随机变量 X 的确定函数 $Y = f(X)$，则 $H(Y|X) = H(f(X)|X) = 0$ 且 $H(f(X)) \leqslant H(X)$。

⑧ $H(X|Y) \leqslant H(X)$，并当且仅当随机变量 X 和 Y 互相独立时 $H(X|Y) = H(X)$，故 $H(X, Y) \leqslant H(Y) + H(X)$；更进一步，$H(X|Y, Z) \leqslant H(X|Y)$。

关于性质 3 的证明：

$$H_n(p_1, p_2, \cdots, p_n) = -\sum_{i=1}^{n} p_i \log p_i = -\sum_{i=1}^{k} p_i \log p_i -$$

$$\sum_{i=k+1}^{n} p_i \log p_i = -\sum_{i=1}^{k} p_i \log p_i -$$

$$\left(1 - \sum_{i=1}^{k} p_i\right) \sum_{i=k+1}^{n} \frac{p_i}{\left(1 - \sum\limits_{i=1}^{k} p_i\right)} \log \frac{p_i}{\left(1 - \sum\limits_{i=1}^{k} p_i\right)} -$$

$$\left(1 - \sum_{i=1}^{k} p_i\right) \log \left(1 - \sum_{i=1}^{k} p_i\right)$$

$$= -\sum_{i=1}^{k} p_i \log p_i - \left(1 - \sum_{i=1}^{k} p_i\right) \log \left(1 - \sum_{i=1}^{k} p_i\right) -$$

$$\left(1 - \sum_{i=1}^{k} p_i\right) \sum_{i=k+1}^{n} \frac{p_i}{\left(1 - \sum\limits_{i=1}^{k} p_i\right)} \log \frac{p_i}{\left(1 - \sum\limits_{i=1}^{k} p_i\right)}$$

$$= H_k\left(p_1, p_2, \cdots, p_k, 1-\sum_{i=1}^{k} p_i\right)+$$

$$\left(1-\sum_{i=1}^{k} p_i\right)H\left(\frac{p_{k+1}}{1-\sum_{i=1}^{k} p_i}, \frac{p_{k+2}}{1-\sum_{i=1}^{k} p_i}, \cdots, -\right.$$

$$\left.\sum_{i=1}^{k} p_i \log p_i \frac{p_n}{1-\sum_{i=1}^{k} p_i}\right)$$

关于 Gibbs 不等式的证明：

$$\sum_{i=1}^{n} p_i \log \frac{q_i}{p_i} \leqslant \log \sum_{i=1}^{n} p_i \frac{q_i}{p_i} = \log \sum_{i=1}^{n} q_i = \log 1 = 0 \Rightarrow \sum_{i=1}^{n} p_i \log \frac{p_i}{q_i}$$

$\geqslant 0$，其中第一个不等号利用了对数函数的上凸性。

关于性质 5：

由 Gibbs 不等式 $\displaystyle\sum_{i=1}^{n} p_i \log \frac{p_i}{1/n} \geqslant 0$，得 $\displaystyle\sum_{i=1}^{n} p_i \log p_i + \sum_{i=1}^{n} p_i \log n \geqslant$

0，最后得到 $-\displaystyle\sum_{i=1}^{n} p_i \log p_i \leqslant \log n$。

关于性质 6：

$$H(X,Y) = -\sum_{j=1}^{m}\sum_{i=1}^{n} p(x_i,y_j)\log p(x_i,y_j)$$

$$= -\sum_{j=1}^{m}\sum_{i=1}^{n} p(x_i,y_j)\log p(y_j \mid x_i) p(x_i)$$

$$= -\sum_{j=1}^{m}\sum_{i=1}^{n} p(x_i,y_j)\log p(x_i) -$$

$$\sum_{j=1}^{m}\sum_{i=1}^{n} p(x_i,y_j)\log p(y_j \mid x_i)$$

$$= -\sum_{i=1}^{n} p(x_i)\log p(x_i) +$$

$$\sum_{j=1}^{m} p(y_j)\left(-\sum_{i=1}^{n} p(x_i \mid y_j)\log p(x_i \mid y_j)\right)$$

$$= H(X) + \sum_{j=1}^{m} p(y_j)H(X \mid y_j) = H(X) + H(X \mid Y)$$

关于性质 7：

由于 $p(f(x_j),x_i)=\begin{cases} p(x_i), & i=j \\ 0, & i\neq j \end{cases}$，则 $H(f(X),X)=H(X)$；而

$H(f(X),X)=H(X)+H(f(X)\mid X)=H(f(X))+H(X\mid f(X))$

故 $H(f(X)\mid X)=0$ 且 $H(f(X))\leqslant H(X)$。

关于性质 8：

法一，由 $p(x_i\mid y_j)=\dfrac{p(x_i,y_j)}{p(y_j)}\geqslant\dfrac{p(x_i)p(y_j)}{p(y_j)}=p(x_i)$

$\Rightarrow H(X)\geqslant H(X\mid y_j)\Rightarrow H(X)=\sum_{j=1}^{m}p(y_j)H(X)$

$\geqslant\sum_{j=1}^{m}p(y_j)H(X\mid y_j)=H(X\mid Y)$；

法二，利用 Gibbs 不等式，

$$H(X)-H(X\mid Y)=\sum_{j=1}^{n}\left\{\sum_{i=1}^{n}\left[p(x_i,y_j)\log p(x_i\mid y_j)-\right.\right.$$

$$\left.\left.p(x_i,y_j)\log p(x_i)\right]\right\}$$

$$\sum_{i=1}^{n}\sum_{j=1}^{m}p(x_i,y_j)\log\frac{p(x_i,y_j)}{p(x_i)p(y_j)}\geqslant 0$$

又当且仅当随机变量 X 和 Y 互相独立时 $p(x_i\mid y_j)=p(x_i)$，则 $H(X\mid Y)=H(X)$；

最后 $H(X,Y)=H(Y)+H(X\mid Y)\leqslant H(Y)+H(X)$。

进一步，把给定 Y、Z 时的 X 熵看作是给定 Z 时的 $(X\mid Y)$ 熵，因此 $H(X\mid Y,Z)\leqslant H(X\mid Y)$。

互信息

由性质 8 知道 $H(X,Y)\leqslant H(Y)+H(X)$，定义随机变量 X 和 Y 的互信息为 $I(X;Y)=H(X)+H(Y)-H(X,Y)$，特别的，当 X 和 Y 独立时，$I(X;Y)=0$。联合熵、条件熵和互信息的关系如图 1.2.1 所示。

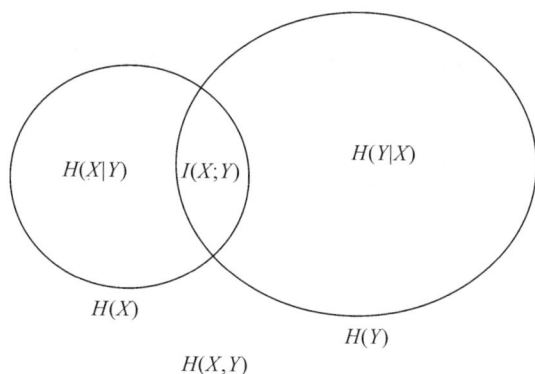

图 1.2.1　联合熵 $H(X,Y)$、条件熵 $H(X|Y)$、
$H(Y|X)$ 和互信息 $I(X;Y)$

且易知 $I(X;Y)=H(X)-H(X|Y)=H(Y)-H(Y|X)=I(Y;X)$，这从图中也可以看出。

信息熵和方差的关系

离散随机变量的信息熵和该随机变量的方差没有必然的相关性，前者反映了概率分布的动态性（概率分布越均匀，熵越大；概率分布差异性越大，熵越小），后者反映了随机变量取值的动态性，变量取值差异性越大，方差越大；反之，则越小。

假设离散随机变量服从分布 $P(x=x_i)=p_i$，$i=1,2,\cdots,n$；则方差为 $\sigma^2=\sum_{i=1}^{n}p_ix_i^2-\bar{x}^2=\sum_{i=1}^{n}p_i(x_i^2-\bar{x}^2)$；而熵为 $-\sum_{i=1}^{n}p_i\log p_i=\sum_{i=1}^{n}p_i(-\log p_i)$。从中可知方差是对每个取值离均值的偏差的平均，信息熵则是对每个取值的概率对数的平均。例如，对伯努利分布 $P(x)=\begin{cases}p & x=1 \\ 1-p & x=0\end{cases}$ 的方差为 $p(1-p)$，而信息熵为 $-p\log p-(1-p)\log(1-p)$，并且当 $p=1/2$ 时，方差达到最大，同时熵也达到最大。

第三节　数据处理与信息熵

考虑随机变量 X、Y 和 Z 构成一阶马尔科夫链 $X \to Y \to Z$,由定义可知 $p(z|y) = p(z|y,x)$,所以 $p(x,y,z) = p(x)p(y|x)p(z|y)$,也即 $p(x,z|y) = p(x|y)p(z|y)$。又 $p(x,z|y) = p(x)p(z|y,x) = p(x)p(z|y)$,则称 $X \perp (Z|Y)$,即随机变量 X 与条件随机变量 $Z|Y$ 独立。

一阶马尔科夫链有如下性质:

①$H(Z|X,Y) = H(Z|Y)$;

②$H(Z|X) \geqslant H(Z|Y)$;

③$I(X;Y,Z) = I(X;Z) + I(X;Y|Z) = I(X;Y) + I(X;Z|Y)$;

④$I(X;Z) \leqslant I(Y;Z)$;

⑤$I(X;Z) \leqslant I(X;Y)$。

关于以上性质的证明:

关于①,

$$
\begin{aligned}
H(Z|X,Y) &= \sum_{i,j} p(x_i,y_j) H(Z|x_i,y_j) \\
&= \sum_{i,j} p(x_i,y_j) \sum_k -p(z_k|x_i,y_j)\log p(z_k|x_i,y_j) \\
&= \sum_{i,j} p(x_i,y_j) \sum_k \{-p(z_k|y_j)\log p(z_k|y_j)\} \\
&= \sum_{i,j} p(x_i,y_j) H(Z|y_j) \\
&= \sum_j p(y_j) H(Z|y_j) \\
&= H(Z|Y)
\end{aligned}
$$

关于②,$H(Z|X) \geqslant H(Z|X,Y) = H(Z|Y)$

关于③,
$$
\begin{aligned}
I(X;Y,Z) &= H(X) - H(X|(Y,Z)) \\
&= H(Y,Z) + H(X) - H(X,Y,Z) \\
&= H(Y,Z) - H((Y,Z)|X) \\
&= H(Z) + H(Y|Z) - \{H(Z|X) + H(Y|(X,Z))\}
\end{aligned}
$$

— 14 —

$$=H(Z)-H(Z|X)+H(Y|Z)-H(Y|(X,Z))$$
$$=I(X;Z)+I(X;Y|Z)$$

关于④、⑤，由于 $X\perp(Z|Y)$，$I(X;Z|Y)=0$，又 $I(X;Y,Z)=I(X;Z)+I(X;Y|Z)=I(X;Y)+I(X;Z|Y)$，所以 $I(X;Z)\leqslant I(X;Y)$；其次，$I(X;Z)\leqslant I(X,Y;Z)=H(Z)-H(Z|(X,Y))=H(Z)-H(Z|Y)=I(Z;Y)$。证毕。

以上性质③称为互信息的链式法则，性质④、⑤称为数据处理不等式。

下面利用数据处理不等式引入对充分统计量的讨论。设 $\{f_\theta(x)\}$ 是关于参数 θ 的一族概率分布，X 是服从某分布 $f_\theta(x)$ 的随机变量。设 x 为从分布 $f_\theta(x)$ 中抽取的样本，$T(x)$ 为关于 x 的统计量（如均值、方差之类），即 $\theta\to X\to T(X)$，如果满足 $X\perp\theta|T(X)$ 或 $P_r(X=x|\theta,T(x))=P_r(X=x|T(x))$，则称 $T(x)$ 为充分统计量。由 $\theta\to X\to T(X)$，根据数据处理不等式得 $I(\theta;T(X))\leqslant I(\theta;X)$，而根据条件 $X\perp\theta|T(X)$ 及链式法则得到 $I(\theta;X,T(X))=I(X;\theta)+I(\theta;T(X)|X)=I(\theta;T(X))+I(\theta;X|T(X))$。而 $I(\theta;X|T(X))=H(X|T(X))-H(X|(T(X),\theta))$，又 $H(X|(T(X),\theta))=H(X,T(X),\theta)-H(T(X),\theta)=H(T(X))+H((X,\theta)|T(X))-H(T(X),\theta)=H(X|T(X))+H(\theta|(T(X),X))-H(\theta|T(X))=H(X|T(X))+H((\theta|(T(X))|X))-H(\theta|T(X))=H(X|T(X))+H(\theta|T(X))-H(\theta|T(X))=H(X|T(X))$，所以 $I(\theta;X|T(X))=0$。于是 $I(X;\theta)+I(\theta;T(X)|X)=I(\theta;T(X))$，所以 $I(\theta;T(X))\geqslant I(\theta;X)$，可得 $I(\theta;T(X))=I(\theta;X)$，这意味着充分统计量不减少随机样本与待估参数之间的互信息（信道）容量。因此充分统计量可以看成一阶马尔科夫过程 $\theta\to X\to T(X)$，同时满足 $\theta\to T(X)\to X$ 条件。

例 1.1 设随机样本 $X_1,X_2,\cdots,X_n$ 服从伯努利分布 $f_\theta(x)=\theta^x(1-\theta)^{1-x}=\begin{cases}\theta, & x=1\\1-\theta, & x=0\end{cases}$，则 $T(X_1,\cdots,X_n)=\dfrac{1}{n}\sum\limits_{i=1}^{n}X_i$ 为充分统计量。

证明 $T(X_1, \cdots, X_n) = \dfrac{1}{n}\sum_{i=1}^{n}X_i = \dfrac{1}{n}\left[\sum_{i=1}^{n}(\theta \cdot 1 + (1-\theta) \cdot 0)\right]$

$= \theta$,易知 $X_i \perp \theta \mid T(X_1, \cdots, X_n)$,所以 $T(X_1, \cdots, X_n)$ 为充分统计量。

例 1.2 设随机样本 $X_1, X_2, \cdots, X_n$ 服从 $(\theta, \theta+1)$ 上的均匀分布,$T(X_1, \cdots, X_n) = (\max X_i, \min X_i)$ 为充分统计量。

证明 $\max X_i = \theta + 1, \min X_i = \theta$,所以 $T(X_1, \cdots, X_n)$ 为充分统计量。

习　题

1. 参加集会的 n 个人将他们自己的帽子混放在一起,会后每个人任选一顶戴上。以 S_n 表示戴对自己帽子的人的个数,试证明

$$\frac{S_n - E(S_n)}{n} \xrightarrow{p} 0$$

提示:定义 $\xi_k = \begin{cases} 1, & \text{第 } k \text{ 人戴对自己的帽子} \\ 0, & \text{否则} \end{cases}$,则 $S_n = \sum_{k=1}^{n} \xi_k$。利用大数定律。

2. 某人寿保险公司售出人寿保险 10000 份,每份收保金 12 元,并给定在保期内死亡者可得到 1000 元的赔付金。如果每个持保单者在保险期内死亡的概率 $p = 0.006$,求保险公司发生以下情况的概率:

(1)亏本;

(2)盈利达 40000 元以上;

(3)盈利达 60000 元以上;

(4)盈利达 80000 元以上。

提示:记 ξ 为持保单者在保期内死亡的人数,则 $\xi \sim B(10000, 0.006)$,基于中心极限定理使用正态分布近似。

3. 某同学平均每天学习 8 小时,标准差为 2 小时,求 365 天内他学习时间超过 3200 小时的概率。

提示:ξ_n 表示该同学第 n 天学习时数,则 365 天总学习时数为 ξ

$= \sum_{i=1}^{365} \xi_i$,基于中心极限定理使用正态分布近似。

4.设有 n 个口袋,对 $k=1,2,\cdots,n$,第 k 个口袋中有 1 个白球与 $k-1$ 个黑球。每个袋中任 取 1 球,以 ξ_n 表示得到的白球数,试证明 $\left\{\dfrac{\xi_n - E(\xi_n)}{\sqrt{D(\xi_n)}}\right\}$ 渐近服从 $N(0,1)$。

提示:定义 $\eta_k = \begin{cases} 1, & \text{第 } k \text{ 个袋子拿到白球} \\ 0, & \text{否则} \end{cases}$; $\xi_n = \sum_{k=1}^{n} \eta_k$。

5.设有 n 个口袋,对 $k=1,2,\cdots,n$,第 k 个口袋中有 1 个白球与 $k-1$ 个黑球。从每个袋中有放回地任取两球,若两球全为白球则认为是成功。用 η_n 表示成功总数。试证明 $\left\{\dfrac{\eta_n - E(\eta_n)}{\sqrt{D(\eta_n)}}\right\}$ 不渐近服从 $N(0,1)$。

提示:定义 $\zeta_k = \begin{cases} 1, & \text{第 } k \text{ 个袋子成功} \\ 0, & \text{否则} \end{cases}$; $\eta_n = \sum_{k=1}^{n} \zeta_k$。

6.三个随机变量 X、Y、Z 的联合概率分布 $p(X=x,Y=y,Z=z)$,求 $H(X,Y|Z)$,$H(Z|X,Y)$ 和 $I(X;Y,Z)$,并证明

$$I(X,Y;Z)=H(X,Y)-H(X,Y|Z)=H(Z)-H(Z|X,Y)$$

7.证明 $I(X;Z)\leqslant I(X,Y;Z)$。

8.$X_1,X_2,\cdots,X_n,\cdots$ 为无穷随机变量序列,$P_r(X_i=x)=p(x)$,

$$P_r(X_1=x_1,X_2=x_2,\cdots,X_n=x_n)=\prod_{i=1}^{n}p(x_i),求:$$

(1)$\lim\limits_{n\to\infty} p(x_1,x_2,\cdots,x_n)^{\frac{1}{n}}$;

(2)$\lim\limits_{n\to\infty} \dfrac{1}{n}\log p(x_1,x_2,\cdots,x_n)$;

(3) 令函数 $f(x):X\to(0,1]$,求 $\lim\limits_{n\to\infty}\left[\prod_{i=1}^{n}f(x_i)\right]^{\frac{1}{n}}$。

9.对称密钥加解密:$X \xrightarrow{Z} Y$,其中 X 为明文,Z 为密钥,Y 为密文,$f(X,Z)=Y$ 为加密过程,加密算法 f 为确定、公开的,$g(Y,Z)=X$ 为解密过程,解密算法 g 为确定、公开的。证明:$H(X|Y,Z)=0$

以及 $I(X;Y) \geqslant H(X) - H(Z)$。

10. 随机变量 X、Y、Z，其中 $Z = f(Y)$，f 为确定函数，证明 $I(X;Z) \leqslant I(X;Y)$ 且 $I(X;Y|Z) \leqslant I(X;Y)$。

11. 设随机样本 $X_1, X_2, \cdots, X_n$ 服从均值为 θ、方差为 1 的正态分布

$$f_\theta(x) = \frac{1}{\sqrt{2\pi}} e^{-(x-\theta)^2/2} = N(\theta, 1)，则 T(X_1, X_2, \cdots, X_n) = \frac{1}{n} \sum_{i=1}^{n} X_i 为$$

关于 θ 的充分统计量。

第二章　信源编码

第一节　信源编码

信源编码其实就是对数据使用二进制紧凑精确表示的形式。如图 2.1.1 所示情景中，$U_1, U_2, \cdots$ 为信源符号，经过信源编码过程编制成比特流 $Z_1, Z_2, \cdots$，比特流经过通信传输或者存储后再由信源解码过程恢复为符号 $\dot{U}_1, \dot{U}_2, \cdots$，此信源编解码器整个合称信源码。

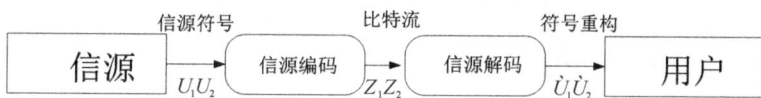

图 2.1.1　信源编码

记 A_U 为信源符号字母表，信源符号序列可以看作一个随机过程 $\{U_k\}$，离散随机变量 U_k 取值于字母表 A_U，该随机过程可视作平稳无记忆的，即 U_k 独立同分布（IID）。令 $p_U(u)$ 为 U_k 的离散概率分布函数。$\dot{U}_k$ 可视作 U_k 的重构，也是取值于字母表 A_U。

评价一个信源编码方法的主要准则是"紧凑性"和"精确度"，后者即保真度。一方面，一个好的信源编码产生紧凑的二进制序列，可以在传输或存储时占用最低的资源。另一方面，一个好的信源编码应当产生高保真的重构，减少信号传输或存储的损耗。所以，评估一个编码的好坏主要有两个指标——码率和失真率，以下给出它们的定义。

以码长 $L_k(U_1,U_2,\cdots,U_k)$ 表示编码器接收到 U_k 时新生成的比特位数（但不包含接收到 U_{k-1} 生成的位数），该值不依赖于未曾收到的符号 U_{k+1}，但依赖于 $U_1,U_2,\cdots,U_{k-1}$。可以定义实际平均码率为

$$\langle R\rangle \triangleq \lim_{N\to\infty}\frac{1}{N}\sum_{k=1}^{N}L_k(U_1,U_2,\cdots,U_k) \tag{2.1.1}$$

因为信源数据使用随机过程建模，所以以上实际平均码率写成统计平均码率为

$$\bar{R}\triangleq \lim_{N\to\infty}\frac{1}{N}\sum_{k=1}^{N}E\{L_k(U_1,U_2,\cdots,U_k)\} \tag{2.1.2}$$

其中，E 表示期望均值。

同理，失真率也有经验公式、统计公式。引入失真度量函数 $d=d(u,\dot{u})$，它表示保真的缺陷程度，$\dot{u}$ 表示信源符号 u 的重构。特别的，d 是由 $A_U\times A_U$ 到 $[0,+\infty)$ 的非负实值函数，失真越小表示保真度越好，反之表示保真度越差。该码的实际平均失真可以写成

$$\langle D\rangle \triangleq \lim_{N\to\infty}\frac{1}{N}\sum_{k=1}^{N}d(U_k,\dot{U}_k) \tag{2.1.3}$$

又因为信源数据使用随机过程建模，统计平均失真可写成

$$\bar{D}\triangleq \lim_{N\to\infty}\frac{1}{N}\sum_{k=1}^{N}E(d(U_k,\dot{U}_k)) \tag{2.1.4}$$

实际平均码率和失真取决于编码序列，具体的不同序列体现不同的值；而统计平均码率和失真则和信源序列的随机过程模型有关，不同的模型体现不同的值。在本书中如无特别说明，提到码率和失真一律指统计码率和失真。实际码率和失真往往是对一个具体的信源序列的计算，而统计码率和失真则是设计一个编码时的计算，可以看成对实际码率和失真的预测。无论实际或是统计，一个好的编码往往具有更小的码率和失真。

毫不奇怪，信源的紧凑性和保真度是一对矛盾，很难使得它们同时保持很大，或者说很难使得信源编码更紧凑而又高保真。换句话

说,在紧凑性和保真度之间必须取折中,而定量化这种折中也是我们设计信源编码的主要原则。

几点注意:

（1）此处考虑的系统一律采用二进制进行信源数据表示。

（2）信源编码解码不考虑信源信号由于传输造成的误差,后面专门有信道编码章节讨论。

（3）另一个评价信源编码的关键是其算法复杂性或计算成本,特别是平均每符号的计算量以及辅助存储的符号数目。

（4）所谓码率,假设每秒发出符号数 S_U,平均每符号比特数 R,于是平均码率（平均每秒比特数）$S_Z = S_U R$。

第二节　定长到定长的块编码

定长到定长的块编码（FFB 码）是最初级的信源编码。描述定长编码的主要参数有原码长度 K、编码长度 L,以及码本 C 即由长度 L 的编码码字组成。函数 f_e 称为编码规则,其将每一个长度 L 的码字匹配到原码上;而函数 f_d 为解码规则,其将每一个长度为 K 的原码匹配到码字上。编码的执行过程如块状:编码器缓存够 K 个符号形成一个块 $U_1 = (U_1, U_2, \cdots, U_K)$;应用编码规则生成码字 $f_e(U_1)$,变成 L 长的位块 $Z_1 = (Z_1, Z_2, \cdots, Z_L)$,这个块逐位传输或存储;编码器缓存下一个块 $U_2 = (U_{K+1}, U_{K+2}, \cdots, U_{2K})$,应用编码规则形成下一个 L 长位块 $Z_2 = (Z_{L+1}, Z_{L+2}, \cdots, Z_{2L}) = f_e(U_2)$,如此依序传递。所谓的块风格即为如此。解码过程也类似:缓存攒够 L 比特流 Z_1 并应用解码函数 f_d 生成第一段 K 个符号 $\hat{U}_1 = (\hat{U}_1, \hat{U}_2, \cdots, \hat{U}_K) = f_d(Z_1)$,然后最终逐位逐位输出,接着去缓存下一个 L 比特块 Z_2,解码 $\hat{U}_2 = (\hat{U}_{K+1}, \hat{U}_{K+2}, \cdots, \hat{U}_{2K})$,如此进行下去。如图 2.2.1 所示。

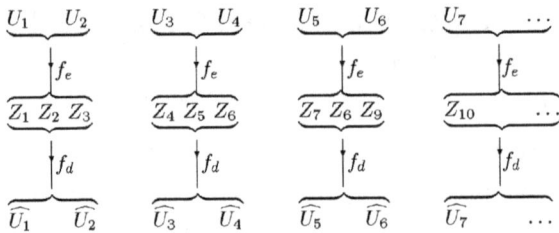

定长到定长编码的块操作形式：$K=2, L=3$

（a）不带延时的定长到定长的编解码

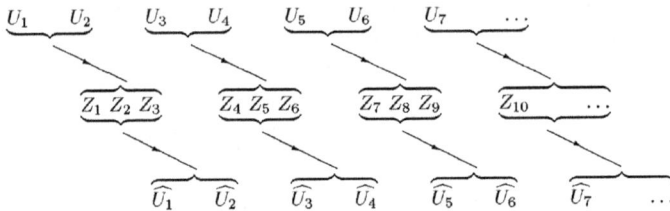

带时间延时的定长到定长编码

（b）带延时的定长到定长的编解码

图 2.2.1　定长到定长的编解码

后文称 f_e 为编码器、f_d 为解码器，以取代之前称呼的编解码规则。当源符号和重生成字母有限时可以采用表格的形式表示编解码规则，如图 2.2.2 至图 2.2.4 所示。也可以使用点状图将这些规则可视化，例如图 2.2.2 的点状图如图 2.2.5 所示。

		编码规则 f_e						解码规则 f_d			
U_1	U_2	Z_1	Z_2	Z_3	Z_4	Z_1	Z_2	Z_3	Z_4	$\widehat{U_1}$	$\widehat{U_2}$
a	a	0	0	0	0	0	0	0	0	a	a
a	b	0	0	0	1	0	0	0	1	a	b
a	c	0	0	1	0	0	0	1	0	a	c
b	a	0	0	1	1	0	0	1	1	b	a
b	b	0	1	0	0	0	1	0	0	b	b
b	c	0	1	0	1	0	1	0	1	b	c
c	a	0	1	1	0	0	1	1	0	c	a
c	b	0	1	1	1	0	1	1	1	c	c
c	c	1	0	0	0	1	0	0	0	c	c

图 2.2.2　定长到定长的编码（$K=2, L=4$）

编码规则 f_e			解码规则 f_d	
U_1	Z_1		Z_1	$\hat{U}_1$
a	0		0	a
b	0		1	c
c	1			
d	1			

图 2.2.3　定长到定长的编码(FFB 码)($K=1, L=1$)

接着讨论定长码的码率和失真度。根据公式(2.1.2)即每个源符号的平均位数。对定长编码来说，设信源长为 K 和码长为 L，则长度函数为

$$L_k = \begin{cases} nL, & k=nK \\ 0, & \text{其他} \end{cases} \tag{2.2.1}$$

易知定长码的统计平均码率为

$$\bar{R} = \frac{L}{K} \tag{2.2.2}$$

这个结果跟具体的信源模型无关，并且由于这个码率将永恒不变(实际值一直为 L/K)，因此定长编码又称为固定码率编码。

例 2.2.1　对任何信源序列，计算实际平均码率$\langle R \rangle = L/K$。

由公式(2.1.4)定义的定长码的统计平均失真简化为

$$\bar{D} = \frac{1}{K} \sum_{k=1}^{K} Ed(U_k, \hat{U}_k) \tag{2.2.3}$$

例 2.2.2　利用信源随机变量是同分布证明式(2.2.3)；利用信源是稳定的证明式(2.2.3)。

接下来讨论定长编码的实现和算法复杂度。如图 2.2.2 至图 2.2.4 所示，定长编解码的实现通过存储编码表的方式，存储的行数正比于 Q^k，其中 Q 为信源字母表数目。这意味着对编解码应用的查询存储随着源长度呈指数增长，表明算法复杂度是信源长度的指数复杂度算法。所以定长编码运用比较昂贵，除非 K 是非常小的值。

z_1	z_2	z_3	z_4	z_7 0 z_6 0 z_5 0	0 0 1	0 1 0	0 1 1	1 0 0	1 0 1	1 1 0	1 1 1
0	0	0	0	NUL	DLE	SP	0	@	P	'	p
0	0	0	1	BS	CAN	(	8	H	X	h	x
0	0	1	0	BOT	DC4	$	4	D	T	d	t
0	0	1	1	FF	FS	,	<	L	/	l	∫
0	1	0	0	STX	DC2	"	2	B	R	b	r
0	0	0	1	LF	SUB	*	:	J	Z	j	z
0	1	1	0	ACK	SYN	&	6	F	V	f	v
0	1	1	1	SO	RS	.	>	N	ˆ	n	˜
1	0	0	0	SOH	DC1	!	1	A	Q	a	q
1	0	0	1	HT	EM	)	9	I	Y	i	y
1	0	1	0	ENQ	NAK	%	5	E	U	e	u
1	0	1	1	CR	GS	-	=	M	[	m	}
1	1	0	0	EXT	DC3	#	3	C	S	c	s
1	1	0	1	VT	ESC	+	;	K	]	k	{
1	1	1	0	BEL	ETB	`	7	G	W	g	w
1	1	1	1	SI	US	/	?	O	-	o	DEL

图 2.2.4 ASCII 码表,定长编码($K=1,L=7$)有 128 个符号

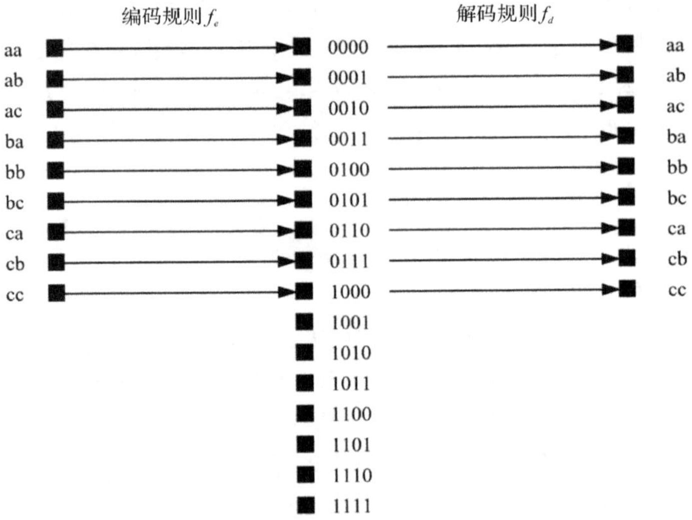

图 2.2.5 可视化图 2.2.2 编解码规则的点状图

第三节　无损信源编码

无损编码（也称无噪声编码）是信源编码的一种特例，即所谓的"本质"无失真码及尽可能小码率的编码。为定量分析"本质无失真码"，引入符号之间的汉明距离

$$d_H(u,\hat{u}) \triangleq \begin{cases} 0, & u = \hat{u} \\ 1, & u \neq \hat{u} \end{cases} \tag{2.3.1}$$

在此情形中，第 k 个源符号 U_k 和它的重构符号 $\hat{U}_k$ 之间的平均失真就是它们的差异概率

$$Ed_H(U_k,\hat{U}_k) = P_r(U_k \neq \hat{U}_k) \tag{2.3.2}$$

而码失真归结为每个字母的误码概率（平均误码概率）P_{LE}

$$\bar{D} = \lim_{N \to \infty} \frac{1}{N} \sum_{k=1}^{N} P_r(U_k \neq \hat{U}_k) \triangleq P_{LE} \tag{2.3.3}$$

对长度为 K 的定长块编码而言，例 2.2.2 的情形进一步可以归结为

$$\bar{D} = P_{LE} = \frac{1}{K} \sum_{k=1}^{K} P_r(U_k \neq \hat{U}_k) \tag{2.3.4}$$

而所谓"本质无失真"编码其实就是 $P_{LE} \cong 0$。

本章所要回答的核心问题就是：什么才是满足 $P_{LE}(\varepsilon) \cong 0$ 的最小码率的编码？本章第四节研究 P_{LE} 精确为 0 的定长编码，它们也被称为完美无损码。接着第五节、第六节研究允许 P_{LE} 稍大于 0 时，对定长编码可以达到明显小于完美无损码码率的编码。这样的码称为几乎无损码。最后第七节，我们研究完美无损的变长编码，可以得到比之前提到的更低的码率。

注意：为简化讨论，这里默认信源为有限字母表，在结论需要扩展到可数无限字母表时会特别申明。

本节我们基于定长编码探索最小码率的完美无损信源编码。将此作为一个显著的特例，后续会看到由此带来的理解上的好处。记

$R_{PL}^*(K)$ 为信源符号长度 K 时的最小码率,而 R_{PL}^* 为任意信源长的最低码率

$$R_{PL}^* = \inf\{R_{PL}^*(K), K=1,2,\cdots\}$$

如前述假设信源字母表为有限集合,Q 个符号 $\{a_1, a_2, \cdots, a_Q\}$ 都有非零概率。为使得定长编码完美无损,给信源长度 K 的 Q^K 字符序列配以不同的码长为 L 的二进制码字,确保满足条件 $2^L \geqslant Q^K > 2^{L-1}$,即 $K\log_2 Q + 1 > L \geqslant K\log_2 Q$,所以 $L = \lceil K\log_2 Q \rceil$,此处 $\lceil c \rceil$ 表示不小于 c 的最小整数。于是信源长度 K、码字长度 L 的完美 FFB 无损编码的码率为 $\lceil K\log_2 Q \rceil / K$。进一步,一定存在信源长度 K、码字长度 $L = \lceil K\log_2 Q \rceil$ 的码率为 $\lceil K\log_2 Q \rceil / K$ 的完美 FFB 无损编码,因为 $2^L \geqslant Q^K > 2^{L-1}$ 能确保每一个信源序列赋予一个不同的码字。

由源长 K 的完美无损 FFB 码率 $R_{PL}^*(K) = \lceil K\log_2 Q \rceil / K$,得到

$$\log_2 Q \leqslant R_{PL}^*(K) < \log_2 Q + 1/K$$

一方面,$R_{PL}^*(K)$ 不小于下界 $\log_2 Q$;另外一方面,当源长 K 增大时,$R_{PL}^*(K)$ 任意逼近 $\log_2 Q$。由此总结如下编码定理:

完美无损 FFB 码定理

带 Q 个符号表的信源长度为 K 的完美无损 FFB 码的最小码率为 $R_{PL}^*(K) = \lceil K\log_2 Q \rceil / K$,任意长度的完美无损 FFB 码码率为 $R_{PL}^* = \log_2 Q$。

这个定理告诉我们,没有码率低于 $\log_2 Q$ 的完美无损 FFB 码,但存在 $\log_2 Q$ 码率的完美无损 FFB 码。在后面章节可以看到,所有信源编码定理都存在正反两面的含义,正向是指存在码率限制的最优编码,反向是指不存在低于限制的最优编码。需要指出,当 K 增大时 $R_{PL}^*(K)$ 以 $1/K$ 速度收敛至 $\log_2 Q$,但并不是单调递减,其上界或松或紧。举例来说,当取 Q 为 3 时 $R_{PL}^*(1)=2, R_{PL}^*(2)=2, R_{PL}^*(3)=1.67, R_{PL}^*(4)=1.75, R_{PL}^*(5)=1.6$ 及 $R_{PL}^*(6)=1.67$。

第四节　几乎无损 FFB 码

考虑设计码率低于 $\log_2 Q$ 的 FFB 编码的可能性。定义 R_{AL}^* 为平均误码率任意小时的码率的下确界。由于 $P_{LE}=\dfrac{1}{K}\sum\limits_{k=1}^{K}Pr(U_k\neq\hat{U}_k)$ 计算比较困难，使用块误码率 $P_{BE}\triangleq P_r(U^K\neq\hat{U}^K)=P_r(U_1\neq\hat{U}_1\,\text{or}\,U_2\neq\hat{U}_2\,\text{or}\cdots\text{or}\,U_K\neq\hat{U}_K)\leqslant\sum\limits_{k=1}^{K}P_r(U_k\neq\hat{U}_k)$，所以 $\dfrac{1}{K}P_{BE}\leqslant P_{LE}$。又 $P_{LE}=\dfrac{1}{K}\sum\limits_{k=1}^{K}P_r(U_k\neq\hat{U}_k)\leqslant P_r(U_{k_0}\neq\hat{U}_{k_0})\leqslant P_r(U_1\neq\hat{U}_1\,\text{or}\,U_2\neq\hat{U}_2\,\text{or}\cdots\text{or}\,U_K\neq\hat{U}_K)\leqslant P_{BE}$，所以有不等式 $\dfrac{1}{K}P_{BE}\leqslant P_{LE}\leqslant P_{BE}$。可以借此以 P_{BE} 来评判编码的优劣，只要 P_{BE} 最优化则 P_{LE} 达到了近似最优值。

考虑 FFB 码，记 G 为可正确解码的信源序列，即 $G=\{u^K:f_d(f_e(u^K))=u^K\}$。于是，$P_{BE}=P_r(U^K\notin G)=1-P_r(U^K\in G)$。该 FFB 码的码率取决于 G 的大小，这是由于 G 中序列都有确定的码字（否则就能正确解码）。假设码字长度为 L，那么一定有 $|G|\leqslant 2^L$ 或者 $L\geqslant\log_2|G|$，其中 $|G|$ 表示集合 G 的序列数。由此可以得到码率 $\bar{R}\geqslant L/K=(\log_2|G|)/K$。所以为使得该码较好（低码率和 $P_{BE}\approx 0$）必须有较小的集合 G 以及接近于 1 的发生概率。反之，如果存在一个"小集" $\tilde{G}$ 有近似 1 的概率，则也可以 $\tilde{G}$ 为基础设计几乎无损 FFB 码。

从以上讨论可知，设计几乎无损 FFB 码的关键问题是信源长度 K 的序列的最小集合在发生概率为 1 时该如何小？这个问题是一个概率论问题，它涉及长度 K 的序列的概率分布 $p(A_U)$ 是均匀分布还是聚集于某个小的集合，并以此集合作几乎无损编码的基础。设信源字符表 $A_U=\{a_1,a_2,\cdots,a_Q\}$ 的概率分布为 $p(a_i)=p_i,i=1,2,\cdots,$

Q，$\sum_{i=1}^{Q} p_i = 1$，则对某序列 $p(u^K) = p(u_1)p(u_2)\cdots p(u_K) = p_1{}^{n_1} p_2{}^{n_2}$ $\cdots p_K{}^{n_K}$，其中 $n_i = n_i(u^K) = Kp_i$，这是引用大数定律对 u^K 的可能的频率（概率）的估计，而这样的序列称为典型序列，它们组成的集合称为典型集 T_K。因此，几乎无损 FFB 码的问题归结为 T_K 的元素数目是否远小于 K 长序列全集的元素数目 Q^K，同时 T_K 集的发生概率接近 1。而 $p(u^K) = p_1{}^{Kp_1} p_2{}^{Kp_2}\cdots p_K{}^{Kp_K} = (p_1{}^{p_1} p_2{}^{p_2}\cdots p_K{}^{p_K})^K = \tilde{p}^K$，其中 $\tilde{p} = p_1{}^{p_1} p_2{}^{p_2}\cdots p_K{}^{p_K}$。可以看到在大数定律下，这样的序列的频率都是相等的，可以看作是等概率分布的序列，这个性质称为渐近等割性。

由于这是频率估计，因此这样的序列的数目总数就是 $1/\tilde{p}^K = (p_1{}^{-p_1} p_2{}^{-p_2}\cdots p_K{}^{-p_K})^K$。而由信息熵极值性知，当 $p(a_i) = \dfrac{1}{Q}$ 时，对 $\forall i$，$p_1{}^{-p_1} p_2{}^{-p_2}\cdots p_K{}^{-p_K}$ 取到最大值 Q，于是序列的数目总数就是 Q^K，此时就无法作几乎无损 FFB 码；当 $\{p(a_i)\ \forall i\}$ 是非平均分布时，$p_1{}^{-p_1} p_2{}^{-p_2}\cdots p_K{}^{-p_K}$ 小于 Q，从而得到元素数目小于 Q^K 的集合，此时只要对 T_K 进行 FFB 编码即可得到几乎无损 FFB 码。

通过以上分析得到几乎无损 FFB 码的 $\overline{R} = \dfrac{\left\lceil \log_2 |T_K| \right\rceil}{K} \approx$ $\dfrac{\log_2 \tilde{p}^{-K}}{K} = -\log_2 \tilde{p}$，而 $-\log_2 \tilde{p} = -p_1\log_2 p_1 - p_2\log_2 p_2 - \cdots - p_Q\log_2 p_Q$，就是该分布的信息熵 H。总结以上分析得到 $P_r(T_K) \approx 1$、$p(u^K) \approx 2^{-KH}$ 和 $|T_K| = 2^{KH}$。

下面正式引入几乎无损信源编码定理。首先，记 $P_{BE}^*(r, K)$ 为信源序列长为 K，且码长不超过 r 的块误码率的下限概率。

几乎无损 FFB 编码定理　令 $\tilde{U}$ 为熵 H 的 IID 信源，对任意 $r > H$，有 $P_{BE}^*(r, K) \to 0$，$(K \to 0)$ 且 $R_{AL}^* \leqslant H$；反之，对任意 $r < H$，有 $P_{BE}^*(r, K) \to 1$，$(K \to 0)$。

这个定理告诉我们，当几乎无损 FFB 的码率（单个符号对应的比特数）R_{AL}^* 不大于信源熵 H 时，块误码概率可以任意小；反之，当码

率小于信源熵 H，导致长序列时的大误码概率。这个定理的证明如前所述使用了渐近等割原理。

Shannon-McMillan 定理　记 U 为熵 H 的 IID 信源，对任意 $\varepsilon > 0$ 和正整数 K，一定存在包含 K 长序列的典型集合 T_ε^K，有以下结论：

i $P_r(U^K \in T_\varepsilon^K) \to 1$　　$(K \to \infty)$

ii $p(u^K) = 2^{-K(H \pm \varepsilon)}$　　$(\forall u^K \in T_\varepsilon^K)$

iii $|T_\varepsilon^K| = P_r(U^K \in T_\varepsilon^K) 2^{K(H \pm \varepsilon)}$

其中 T_ε^K 定义为满足 $\sum_{i=1}^{Q} \left| \dfrac{n_i}{K} - p_i \right| < \varepsilon$ 的序列，根据大数定律，$P_r(U^K \in T_\varepsilon^K) \to 1$ $(K \to \infty)$；因而可得 $p(u^K) = 2^{-K(H \pm \varepsilon)}$ $(\forall u^K \in T_\varepsilon^K)$，且 $|T_\varepsilon^K| = P_r(U^K \in T_\varepsilon^K) 2^{K(H \pm \varepsilon)}$。

第五节　完美无损 FVB 码

FVB 码为定长输入块到不定长输出块的信源编码，与 FFB 码的区别是输出码字的位长是变动的、不固定的。尽管码字长度的变化本质上使编码和解码变得复杂，但事实证明，具有给定源长度的完美无损 FVB 代码可以执行与具有更大源长度的几乎无损 FFB 代码一样的性能。通常，这会降低复杂性和实现成本。

例 2.5.1　考虑基于符号表 $A_U = \{a, b, c\}$ 的 IID 信源 $\tilde{U}$，概率分布 $p_a = 1/2$，$p_b = 1/4$，$p_c = 1/4$ 且熵为 H。

表 2.5.1　编码表

u	a	b	c
$z = f_e(u)$	0	10	11

例如，使用表 2.5.1 所示编码表，将源序列 $U = aabcbac$ 编码为 $z = 00101110011$。很容易看出，在对任何源序列进行编码之后，可以将该编码表产生的位解码为原始源序列，即代码是完全无损的。还容易看到，该代码平均每个源符号产生 1.5 比特，这是它的速率，等

于源的熵。相比之下,源长度为 1 的最佳完美无损 FFB 码的速率为 $\lceil \log_2 3 \rceil = 2$,而具有任何源长度的最佳完美无损 FFB 码的速率接近每个源符号 $\log_2 3 = 1.58$ 位。尽管几乎无损的 FFB 码可以获得任意接近于熵的速率(每个源符号 1.5 位),但它们需要较大的源长度,因此需要更大的码本和更大的实现复杂性。

一般的完美无损 FVB 码信源长度 K,码本 $C = \{v_1, v_2, \cdots, v_Q\}$,而第 i 个长度 L_i 码字 $v_i = (v_{i1}, v_{i2}, \cdots, v_{iLi})$;编码函数 f_e 将码本 C 中的码字配置给长度 K 的序列,而解码函数 f_d 将信源序列配置给码字。f_e 的工作模式类似于 FFB 编码的块模式,初始时对第一个长度 K 的序列 $U_1 = (U_1, U_2, \cdots, U_K)$,得到 $Z_1 = f_e(U_1, U_2, \cdots, U_K)$,然后针对第二块 $U_2 = (U_{K+1}, U_{K+2}, \cdots, U_{2K})$,得到 $Z_2 = f_e(U_{K+1}, U_{K+2}, \cdots, U_{2K})$,如此下去。

另外一方面,解码函数 f_d 的工作机制不符合块模式,为了不失潜在性能,假设码本 C 具有无前缀属性,即码本中任一码字皆不可能为其他码字的前缀。这里称序列 $v = (v_1, v_2, \cdots, v_m)$ 为另一个序列 $w = (w_1, w_2, \cdots, w_n)$,当 $n \geq m$ 且 $w_i = v_i, i = 1, 2, \cdots m$。称无前缀属性的 C 为前缀码本,编码方法称为前缀码。

解码的方法是对码流序列 Z,发现 J_1 使得 $Z_1, Z_2, \cdots, Z_{J_1}$ 为 C 中的一个码字,于是解码结果为 $(\hat{U}_1, \hat{U}_2, \cdots, \hat{U}_K) = f_d(Z_1, Z_2, \cdots, Z_{J_1})$。接着进行下一个码字的解码,得到 $(\hat{U}_{K+1}, \hat{U}_{K+2}, \cdots, \hat{U}_{2K}) = f_d(Z_{J_1+1}, Z_{J_1+2}, \cdots, Z_{J_2})$,整个解码模式类似进行下去。可见(无)前缀属性实际保证了可即刻解码,因为没有一个码字是其他码字的前缀。引入二叉树结构作为前缀码的模型,前缀码码字可以看作二叉树的叶节点。如图 2.5.1 所示,二叉树从左往右展开,根节点不标注符号,节点标记每一层一致,即上 0 下 1,每一个叶节点都代表一个码字。

前缀码是完美无损编码当且仅当编码规则 f_e 是一一映射,即将不同的码字配置给不同的源序列,而解码规则 f_d 正好是编码规则 f_e

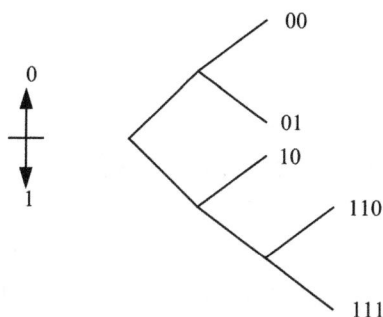

图 2.5.1　前缀码 $C=\{00,01,10,110,111\}$ 的二叉树图示例

的逆。这种编码的码率(单个源符号对应的编码位长)可以看作所有码字的平均码长除以信源序列块长 K,即

$$\bar{R} = \frac{\bar{L}}{K} = \frac{1}{K}\sum_{u^K}p(u^K)L(u^K) \qquad (2.5.1)$$

其中 $L(u^K)$ 表示 u^K 序列在编码规则下的码字 $f_e(u^K)$ 的码长,而 $p(u^K)$ 为该序列的发生概率。FVB 编码的目标是寻求最低码率 $R_{VL}^*(K)$ 和 R_{VL}^* 的方法,其中 $R_{VL}^*(K)$ 表示完美无损变长编码在输入源块长 K 的前提下的最低码率,而 R_{VL}^* 表示对任意 K 的 $R_{VL}^*(K)$ 的下确界。

进行前缀码设计的基本思路是将发生概率更高的序列配置更短的码字,反之,发生概率低的序列配置稍长的码字。首先考虑简单的情形,令 $K=1$,码率即为平均码长,选择该码字长度为 $L_q \cong -\log_2 p_q$, L_q 和 p_q 分别是 $L_q(a_q)$ 和 $p_q(a_q)$ 的缩写。如此则平均码长恰为信息熵 H,即

$$\bar{L} = \sum_{q=1}^{Q}p_q L_q \cong \sum_{q=1}^{Q} -p_q\log_2 p_q = H \qquad (2.5.2)$$

通过定长编码的分析知,这是达到了最优性能的方法。那么是否实际存在着码长 $L_q \cong -\log_2 p_q$ 的前缀码,甚至更小码率的前缀码?为了回答这个问题,引入如下定理。

定理(Kraft 不等式)　存在二元前缀码的码长为 $\{L_1,L_2,\cdots,L_Q\}$ 当

且仅当不等式

$$\sum_{q=1}^{Q} 2^{-L_q} \leqslant 1 \tag{2.5.3}$$

成立。定理说对于 $\{L_1, L_2, \cdots, L_Q\}$ 如果成立 Kraft 不等式，那么存在这样长度分布的前缀码；反之，任何前缀码的长度分布系数一定满足该不等式。

证明 **必要性** 设前缀码码长为 $\{L_1, L_2, \cdots, L_Q\}$，其中最大数记为 $L_{\max}$，码长为 $L_{\max}$ 的序列总数为 $2^{L_{\max}}$，且 $L_{\max}$ 长序列中以这些码字为前缀的序列数一定不多于 $2^{L_{\max}}$。而长为 L_q 的码字作为 $L_{\max}$ 长序列的前缀的序列数是 $2^{L_{\max}-L_q}$，于是所有码字作为前缀的全部序列数为 $\sum_{q=1}^{Q} 2^{L_{\max}-L_q}$，所以 $\sum_{q=1}^{Q} 2^{L_{\max}-L_q} \leqslant 2^{L_{\max}}$，得到 $\sum_{q=1}^{Q} 2^{-L_q} \leqslant 1$。

充分性 已知码字长为 $\{L_1, L_2, \cdots, L_Q\}$ 满足 $\sum_{q=1}^{Q} 2^{-L_q} \leqslant 1$，证明存在这样长度分布的前缀码。利用 $L_{\max}$ 长二进制序列来构造，首先任取一个 $L_{\max}$ 长序列去掉 $L_{\max}-L_1$ 位生成一个 L_1 长码字，如此则需要放弃 $2^{L_{\max}-L_1}$ 个 $L_{\max}$ 长序列作为后续的候选；接下来，准备构造 L_2 长码字，在 $2^{L_{\max}}$ 个 $L_{\max}$ 长二进制序列里去掉以 L_1 长码字为前缀后剩余的序列里任取一个进行如上的操作，即去掉 $L_{\max}-L_2$ 位生成一个 L_2 长码字。那么，任取一个 $L_{\max}$ 长二进制序列是否能够取到？这是肯定的，因为 $2^{L_{\max}-L_1} < \sum_{q=1}^{Q} 2^{L_{\max}-L_q} \leqslant 2^{L_{\max}}$。构造 L_3 长码字时由于 $2^{L_{\max}-L_1} + 2^{L_{\max}-L_2} < \sum_{q=1}^{Q} 2^{L_{\max}-L_q} \leqslant 2^{L_{\max}}$，故仍能任取一个 $L_{\max}$ 长二进制序列去掉 $L_{\max}-L_3$ 位生成 L_3 长码字。这个步骤一直进行下去，直到已经生成了 $L_1, L_2, \cdots, L_{Q-1}$ 后构造 L_Q 长码字，由于 $\sum_{q=1}^{Q-1} 2^{L_{\max}-L_q} < \sum_{q=1}^{Q} 2^{L_{\max}-L_q} \leqslant 2^{L_{\max}}$，取出一个 $L_{\max}$ 长二进制序列去掉 $L_{\max}-L_Q$ 位生成 L_Q 长码字。证毕。

从 Kraft 不等式可知前缀码码长 $L_q \cong -\log_2 p_q$ 的可能性，令

$$L_q = \lceil -\log_2 p_q \rceil, q = 1, 2, \cdots, Q \qquad (2.5.4)$$

而由$\lceil -\log_2 p_q \rceil \geqslant -\log_2 p_q$，得到

$$\sum_{q=1}^{Q} 2^{-L_q} = \sum_{q=1}^{Q} 2^{-\lceil \log_2 p_q \rceil} \leqslant \sum_{q=1}^{Q} 2^{\log_2 p_q} = \sum_{q=1}^{Q} p_q = 1 \quad (2.5.5)$$

所以码长分布符合 Kraft 不等式。使用证明中采用的构造法生成的前缀码称为 Shannon-Fano 码。再由$-\log_2 p_q + 1 > \lceil -\log_2 p_q \rceil \geqslant -\log_2 p_q$ 得到 $H + 1 > \bar{L} \geqslant H$。下面说明当 $K = 1$ 时，平均码长（码率）不可能小于 H。$\bar{L} - H = \sum_{q=1}^{Q} p_q L_q + \sum_{q=1}^{Q} p_q \log_2 p_q = -\sum_{q=1}^{Q} p_q \log_2 \frac{2^{-L_q}}{p_q} \geqslant -\log_2 \sum_{q=1}^{Q} p_q \frac{2^{-L_q}}{p_q} = -\log_2 \sum_{q=1}^{Q} 2^{-L_q} \geqslant -\log_2 1 = 0$，此处第一个不等号是利用$-\log_2 x$的下凸性，第二个不等号是利用 Kraft 不等式以及$-\log_2 x$的单调减性。以上分析可以总结为如下的定理。

定理　给定分布$\{p_1, p_2, \cdots, p_Q\}$，存在一个码长分布$\{L_1, L_2, \cdots, L_Q\}$的前缀码，使得$\bar{L} < H + 1$；对任何前缀码一定有$\bar{L} \geqslant H$。

考虑信源序列长 K 的 FVB 码，显然共 Q^K 个码字，对每一个 A_U^K 中信源序列 u^K，决定其码字长度的是$-\log_2 p(u^K)$。特别的，存在码长为 $L(u^K) = \lceil -\log_2 p(u^K) \rceil$ 的前缀码，平均码长 $\bar{L}$ 满足

$$H^K \leqslant \bar{L} < H^K + 1 \qquad (2.5.6)$$

H^K 为随机矢量 $U^K = (U_1, U_2, \cdots, U_K)$ 的熵，

$$H^K \triangleq -\sum_{u^K \in A_U^K} p(u^K) \log_2 p(u^K) \qquad (2.5.7)$$

考虑各信源矢量分量的无记忆特性（服从 IID 分布），

$$H^K = -\sum_{u^K \in A_U^K} p(u^K) \log_2 \prod_{k=1}^{K} p(u_k)$$

$$= -\sum_{u^K \in A_U^K} p(u^K) \sum_{k=1}^{K} \log_2 p(u_k)$$

$$=-\sum_{k=1}^{K}\sum_{u^K\in A_U^K}p(u^K)\log_2 p(u_k)$$

$$=-\sum_{k=1}^{K}\sum_{u_k\in A_U^K}p(u_k)\log_2 p(u_k)=KH \qquad (2.5.8)$$

记前缀码的最小平均码长为 L_K^*，则有

$$KH\leqslant L_K^*<KH+1 \qquad (2.5.9)$$

最小码率 $R_{VL,K}^*=L_K^*/K$，即 $R_{VL,K}^*$ 介于 H 和 $H+1/K$ 之间。所以 $R_{VL}^*\triangleq\inf\{R_{VL,K}^*:K=1,2,\cdots\}=H$。以上分析总结为如下定理。

FVB 前缀码编码定理 令 U 为取值于有限字母表的 IID 随机信源，熵为 H，对于任意正整数 K，有 $H\leqslant R_{VL,K}^*<H+1/K$ 且 $R_{VL}^*=H$。

下面介绍最优变长编码的 Huffman 编码法。给定分布 $P_Q=\{p_1,p_2,\cdots,p_Q\}$，目标是确定最优码本 $C_Q=\{v_1,v_2,\cdots,v_Q\}$，使得它有尽可能小的平均码长 $\overline{L}_Q=\sum_{q=1}^{Q}p_q L_q$。Huffman 编码的基本思想是将"简化的"的分布 $P_{Q-1}=\{p'_1,p'_2,\cdots,p'_{Q-1}\}$ 的最优码本 C_{Q-1} 进行"简单"推广。此处，为简便起见，假设 $p_1\geqslant p_2\geqslant\cdots\geqslant p_Q$，简化分布与原有分布的关系为 $p'_1=p_1,p'_2=p_2,\cdots,p'_{Q-2}=p_{Q-2},p'_{Q-1}=p_{Q-1}+p_Q$。具体推广过程使用的"原子级操作"可以总结为如下定理。

定理 设 $C_{Q-1}=\{v'_1,v'_2,\cdots,v'_{Q-1}\}$ 为分布 P_{Q-1} 的最优编码，那么 $C_Q=\{v'_1,v'_2,\cdots,v'_{Q-2},v'_{Q-1}0,v'_{Q-1}1\}$ 为 P_Q 的最优编码。

结合图 2.5.2 说明 Huffman 编码的原理和过程。P_Q 的最优编码由 P_{Q-1} 的最优码 C_{Q-1} 得到，直接使用 C_{Q-1} 中的前 $Q-2$ 个码字，且将第 $Q-1$ 个码字加"0"变成 $v_{Q-1}=(v'_{Q-1}0)$，加"1"变成 $v_Q=(v'_{Q-1}1)$。接着由 P_{Q-2} 的码本 C_{Q-2} 构造 P_{Q-1} 的最优码，而 P_{Q-2} 是通过合并 P_{Q-1} 的最小两个概率得到的。继续这样的概率集精简过程，直到构造含有两个概率点的 P_2 的最优码。把这个过程逆过来就是首先对 P_2 编码 $C_2=\{0,1\}$，然后对 P_3 编码，在 P_2 中由 P_3 最低概率的两个点合并而来的对应的 C_2 中的码追加 0 或 1；接下来对 P_4 编码，对 C_3 中由 P_4 最低概率的两个点合并而来的对应的 C_3

中的码追加 0 或 1,如此下去直到确定 P_Q 对应的最优码 C_Q。在合并最小概率时如果有三个以上相等的最低概率点则可以任意选 2 个。

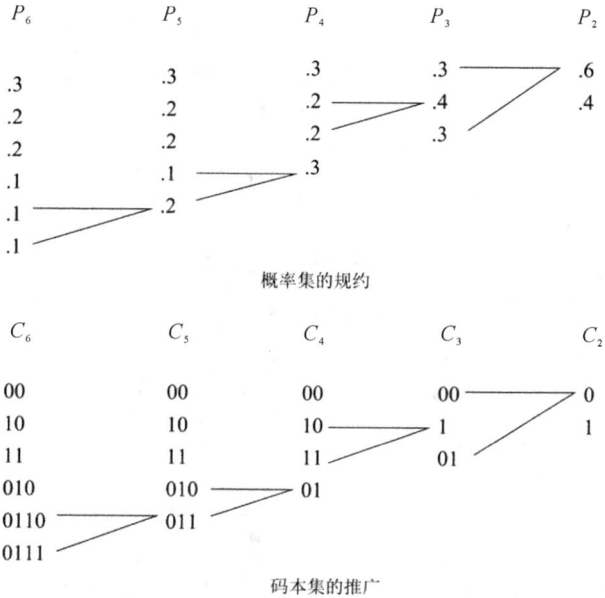

P_6 P_5 P_4 P_3 P_2

.3   .3   .3   .3   .6

.2   .2   .2   .4   .4

.2   .2   .2   .3

.1   .1   .3

.1   .2

.1

概率集的规约

C_6 C_5 C_4 C_3 C_2

00   00   00   00   0

10   10   10   1   1

11   11   11   01

010   010   01

0110   011

0111

码本集的推广

图 2.5.2   Huffman 编码设计过程

关于定理的证明:

由 $C_{Q-1} = \{v'_1, v'_2, \cdots, v'_{Q-1}\}$ 为 P_{Q-1} 的最优码,并且 $C_Q = \{v'_1, v'_2, \cdots, v'_{Q-2}, v'_{Q-1}0, v'_{Q-1}1\}$ 为 P_Q 的由 C_{Q-1} 扩展而来的编码,C_Q 和 C_{Q-1} 的平均码长的关系如下:

$$
\begin{aligned}
\overline{L}_Q &= \sum_{q=1}^{Q} p_q L_q \\
&= \sum_{q=1}^{Q-2} p_q L'_q + p_{Q-1}(L'_{Q-1} + 1) + p_Q(L'_{Q-1} + 1) \\
&= \sum_{q=1}^{Q-1} p'_q L'_q + (p_{Q-1} + p_Q) \\
&= \overline{L}_{Q-1} + (p_{Q-1} + p_Q)
\end{aligned}
$$

$$(2.5.10)$$

假设 C_Q 不是 P_Q 的最优码,设 $C_Q^* = \{v_1^*, v_2^*, \cdots, v_{Q-1}^*, v_Q^*\}$ 为 P_Q 的最优码,即 $L_Q^* < L_Q$。由于 $L_{Q-1}^* = L_Q^*$(想一想,为什么?)所以构造 $C_{Q-1}^* = \{v_1^*, v_2^*, \cdots, v_{Q-2}^*, v_{Q-1}'\}$ 作为 P_{Q-1} 的编码,而 v_{Q-1}' 由 v_{Q-1}^* 去掉最后一位得到。考虑 C_{Q-1}^* 的平均码长

$$L_{Q-1}^* = L_Q^* - p_{Q-1} - p_Q < L_Q - p_{Q-1} - p_Q = L_{Q-1} \qquad (2.5.11)$$

这与 C_{Q-1} 为 P_{Q-1} 的最优码矛盾,因为假设不成立,证明了 C_Q 是 P_Q 的最优码。

最后,图 2.5.3 给出了 Huffman 编码对英文字母的编码结果,字母包含空格的概率表是语言学家通过英文文本的统计得到的。

letter	prob.	codewd.	len.	letter	prob.	codewd.	len.
Space	.1859	1000	3	F	.0208	001100	6
E	.1031	100	3	M	.0198	001101	6
T	.0796	0010	4	W	.0175	001110	6
A	.0642	0100	4	Y	.0164	011100	6
O	.0632	0110	4	G	.0152	011101	6
I	.0575	1010	4	P	.0152	011110	6
N	.0574	1011	4	B	.0127	011111	6
S	.0514	1100	4	V	.0083	0011110	7
R	.0484	1101	4	K	.0049	00111110	8
H	.0467	1110	4	X	.0013	001111110	9
L	.0321	01010	5	J	.0008	0011111110	10
D	.0317	01011	5	Q	.0008	00111111110	11
U	.0228	11110	5	Z	.0005	00111111111	11
C	.0218	11111	5				

图 2.5.3 英文字母的 Huffman 编码

第六节 算术编码

算术编码的原理是将符号序列映射到 0 到 1 之间的一个浮点数(或者区间),然后将浮点数转成二进制 01 序列就是所得的码字。这种方法在工程应用时需要解决三个问题:首先,是符号概率模型的问题,需要实时自适应更新概率模型。其次,是解决浮点溢出的问题,

因为输入符号长度足够长,势必对应到的小数位数较长,导致浮点尺度下溢。最后,为避免解码时小数不能转尽,需要在编码时对符号串末尾设置一个结束符。

以一个例子说明算术编码的算法。符号的概率分布为表 2.6.1。

表 2.6.1 符号的概率分布

	a	b	c
p	0.2	0.3	0.5

针对输入字符串 $ccabac$ 进行算术编码,将 a、b、c 对应到区间 $[0, 1]$,得到 $l(a)=0, h(a)=0.2, l(b)=0.2, h(b)=0.5, l(c)=0.5, h(c)=1.0$。然后开始编码,首先初始化 $l_0=0, h_0=1, r_0=1$,它的意思是当前字符串对应的区间为 $[0,1]$,而区间宽度为 $r_0=1$,此时实际输入的字符串还是空集;接着,输入字符串的首字母 c,令 $l_1=l_0+r_0 l(c)=0+0.5=0.5, r_1=r_0(h(c)-l(c))=1\times0.5=0.5, h_1=l_1+r_1=0.5+0.5=1$,于是此时字符串 c 对应的是 $[l_1,h_1]=[0.5,1.0]$;再读入次字母 c,此时字符串为 $cc, l_2=l_1+r_1 l(c)=0.5+0.25=0.75, r_2=r_1(h(c)-l(c))=0.5\times0.5=0.25, h_2=l_2+r_2=0.75+0.25=1.0$,于是此时字符串 cc 对应的是 $[l_2,h_2]=[0.75,1.0]$;再读入字母 a,此时字符串为 $cca, l_3=l_2+r_2 l(a)=0.75+0.25\times0=0.75, r_3=r_2(h(a)-l(a))=0.25\times0.2=0.05, h_3=l_3+r_3=0.75+0.05=0.8$,于是此时字符串 cca 对应的是 $[l_3,h_3]=[0.75,0.8]$;再读入字母 b,此时字符串为 $ccab, l_4=l_3+r_3 l(b)=0.75+0.05\times0.2=0.76, r_4=r_3(h(b)-l(b))=0.05\times0.3=0.015, h_4=l_4+r_4=0.76+0.015=0.775$,于是此时字符串 $ccab$ 对应的是 $[l_4,h_4]=[0.76,0.775]$;再读入字母 a,此时字符串为 $ccaba, l_5=l_4+r_4 l(a)=0.76+0.015\times0=0.76, r_5=r_4(h(a)-l(a))=0.015\times0.2=0.003, h_5=l_5+r_5=0.76+0.003=0.763$,于是即时刻字符串 $ccab$ 对应的是 $[l_5,h_5]=[0.76,0.763]$;最后读入 c,最终字符串为 $ccabac, l_6=l_5+r_5 l(c)=0.76+0.003\times0.5=0.7615, r_6=r_5(h(c)-l(c))=0.003\times0.5=$

0.0015，$h_6=l_6+r_6=0.7615+0.0015=0.763$，于是最终字符串对应的区间为$[l_6,h_6]=[0.7615,0.763]$，然后在该区间任取一点$0.762$即代表该字符串对应的浮点数，正式的码字为把该数进行二进制化的比特序列。

而解码过程是上述过程的逆过程。假设把比特序列转化成浮点数得到0.762后，首先通过不等式$l(c)<0.762<h(c)$解出该字符串的第一个符号c；然后由$(0.762-l(c))/(h(c)-l(c))=0.524$，因$l(c)<0.524<h(c)$，得到第二个符号$cc$；再由$(0.524-l(c))/(h(c)-l(c))=0.048$，因$l(a)<0.048<h(a)$，得到第三个符号$cca$；……

从以上过程可以看出，编码的思路是将每个字符看成当前尺度（区间宽度）下的区间，而区间的位置是由之前的符号的位置累进得到的。如图 2.6.2 所示，根据当前的符号在上一区间内按比例划分，取出当前符号所处的区间段，不断重复这个过程。

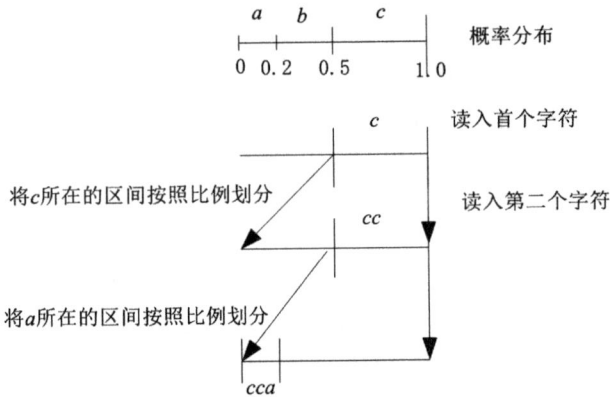

图 2.6.2　算术编码原理

总结以上实例，给出算术编解码的算法。假设信源符号及其分布为

$$\begin{Bmatrix} x_1, & x_2, & \cdots, & x_K \\ p_1, & p_2, & \cdots, & p_K \end{Bmatrix} \tag{2.6.1}$$

对输入序列$\{x_{i_1},x_{i_2},\cdots,x_{i_n}\}$，首先在$[0,1]$区间上建立每个符号

对应的子区间,令

$$L_1 = 0, H_1 = p_1, p_1 = H_1 - L_1$$
$$L_2 = p_1, H_2 = p_1 + p_2, p_2 = H_2 - L_2$$

$$\cdots\cdots \tag{2.6.2}$$

$$L_K = p_1 + p_2 + \cdots + p_{K-1},$$
$$H_K = p_1 + p_2 + \cdots + p_K, p_K = H_K - L_K$$

令$[l_n, h_n]$为序列$\{x_{i_1}, x_{i_2}, \cdots, x_{i_n}\}$对应的区间,最后只要在$[l_n, h_n]$中任取一点即可代表该序列经由对该点进行二进制序列化完成算术编码。下面使用给出l_n和h_n的迭代格式,引入$r_n = h_n - l_n$,则令初值$l_0 = 0, h_0 = 1, r_0 = 1$,

$$l_1 = l_0 + L_{i_1} \cdot r_0, r_1 = r_0 p_{i_1}, h_1 = l_1 + r_1$$
$$l_2 = l_1 + L_{i_2} \cdot r_1, r_2 = r_1 p_{i_2}, h_2 = l_2 + r_2$$

$$\cdots\cdots \tag{2.6.3}$$

$$l_n = l_{n-1} + L_{i_n} \cdot r_{n-1}, r_n = r_{n-1} p_{i_n}, h_n = l_n + r_n$$

最后取$[l_n, h_n]$中任意一个数,例如$\tau_n = l_n + r_n/2$,进行二进制化,得到比特序列即为码字。关于解码的过程,也只描述从τ_n开始的情况,如

$$L_{i_1} < \tau_n < H_{i_1} \tag{2.6.4}$$

则解出x_{i_1},然后$\tau_{n-1} = (\tau_n - L_{i_1})/p_{i_1}$,由$\tau_{n-1}$落入的区间判断解出$x_{i_2}$,即

$$L_{i_2} < \tau_{n-1} < H_{i_2} \tag{2.6.5}$$

再使用$\tau_{n-2} = (\tau_{n-1} - L_{i_2})/p_{i_2}$,$\cdots$一直到

$$L_{i_n} < \tau_1 < H_{i_n} \tag{2.6.6}$$

解出x_{i_n}为止。

由式(2.6.3)知符号序列最终对应的区间宽度$r_n = r_{n-1} p_{i_n} = \cdots = p_{i_1} p_{i_2} \cdots p_{i_n}$,可见当序列很长时,最终区间宽度下溢为0,所以算术编码需要解决浮点溢出问题。浮点溢出控制的主要原理是有鉴于$h_n - l_n$越来越小,这意味着l_n与h_n的左边高位会趋同,例如$l_5 = 0.21444, h_5 = 0.21462$,这2、1、4即为趋同的数字。假想$l_n$与$h_n$都

是具无穷有效位数的浮点数,那么已经趋同的数字实际只是指示了当前区间大小范围,它们对后面进一步计算有效数字并无影响,所以可以使用把趋同位数删除的机制来规避浮点溢出。而删除后再将剩余位数左移就可以改善有效位数的长度不足,例如从 $l_5 = 21444$,经过左移变成 44000(假设总共 5 位有效数字的话),而 $h_5 = 21462$,经过左移变成 62999,这里区间左端左移后余位补 0,而区间右端左移后余位补 9。

最后用信息熵对算术编码的熵最优收敛性给出证明。根据 Shannon 信源编码理论,在分组长度足够大时,依据符号串的自信息熵计算的长度进行编码就可以逼近熵最优,但对于 Shannon-Fano 编码、Huffman 编码而言,分组长度的增加意味着数据缓存时延的增加,而且符号概率模型在这两种编码下也无法做到自适应更新。算术编码则不同,它是流式馈入数据,符号概率模型随着符号串编码进程实时自适应更新(不断逼近最真实的概率分布),而且符号串越长越逼近熵最优值。算术编码的特点使得它被广泛应用到实际场合,例如,现代大压缩比的视频流编码器在有损压缩输出的比特流上进行算术编码(无损压缩)以进一步提高整体压缩效率。由于符号的概率分布更新不会干扰到算术编解码的内在逻辑,这里在熵最优收敛性的证明中没有标识出概率更新的机制,读者在阅读时可以假设概率分布是先验的,这样处理并不会影响到证明的准确性。

引理 1 信源随机变量 X 的概率分布为 $\{p_1, p_2, \cdots, p_K\}$,随机变量 Y 的分布为 $\{p_1, p_2, \cdots, p_K - \varepsilon, \varepsilon\}$,其中 ε 为足够小的正数,则 $\lim_{\varepsilon \to 0^+} H(Y) = H(X)$。

证 熵函数关于分布的概率分量是多元连续函数,所以结论显然。

定理 1 设信源符号 $\{a_1, a_2, \cdots, a_K\}$ 的概率分布为 $\{p_1, p_2, \cdots, p_K\}$,信源随机变量 X 的序列 $X = (X_1, X_2, \cdots, X_N, \cdots)$ 中 X_i 取值于 $\{a_1, a_2, \cdots, a_K\}$,随机变量 X 的信息熵记作

$$H(X) = -\sum_{i=1}^{K} p_i \log p_i,$$

则当对任意信源序列 $(a_{i_1}, a_{i_2}, \cdots, a_{i_N})$ 进行算术编码的二进制码长为 L 时,平均码长 $\dfrac{L}{N}$ 依概率收敛于 $H(X)$,即对任意的正实数 ε,有

$$\lim_{N \to +\infty} P\left(\left| \frac{L}{N} - H(X) \right| \geqslant \varepsilon \right) = 0,$$

其中 a_{i_j} 为诸 $\{a_1, a_2, \cdots, a_K\}$ 之一,$j = 1, 2, \cdots, N$。

证 对任意 N 长信源序列 $(a_{i_1}, a_{i_2}, \cdots, a_{i_N})$,引入一个唯一一次出现的结束符 eof,即序列变为 $(a_{i_1}, a_{i_2}, \cdots, a_{i_N}, eof)$,信源符号概率分布修正为 $\{p_1, p_2, \cdots, p_K - \delta, \delta\}$,$\delta$ 为足够小的正数,作为结束符 eof 的发生概率,在自适应算术编码模型里 $\delta = 1/(N+1)$,记该分布的随机变量为 Y。并把该分布记号调整为 $\{p'_1, p'_2, \cdots, p'_K, p'_{K+1}\}$,即

$$p'_i = p_i, i = 1, 2, \cdots, K-1; \; p'_K = p_K - \delta, p'_{K+1} = \delta,$$

而 eof 记作 $a_{i_{N+1}}$。带结束符的序列 $(a_{i_1}, a_{i_2}, \cdots, a_{i_N}, a_{i_{N+1}})$ 的算术编码为一介于 0 和 1 之间的实数,根据算术编码的迭代算法,该数为

$$\sum_{t=1}^{N+1} \left(\left(\sum_{l=1}^{i_t - 1} p'_l \right) \prod_{s=1}^{t-1} p'_{i_s} \right) + \tau_0 \prod_{s=1}^{N+1} p'_{i_s},$$

位于区间

$$\left[\sum_{t=1}^{N+1} \left(\left(\sum_{l=1}^{i_t - 1} p'_l \right) \prod_{s=1}^{t-1} p'_{i_s} \right), \sum_{t=1}^{N+1} \left(\left(\sum_{l=1}^{i_t - 1} p'_l \right) \prod_{s=1}^{t-1} p'_{i_s} \right) + \prod_{s=1}^{N+1} p'_{i_s} \right]$$

上。其中,约定 $\sum_{l=1}^{0} p'_l = 0$,$\prod p'_{i_s} = 1$,以及选定常数 $0 < \tau_0 < \min\{p_1, p_2, \cdots, p_K\}$。于是将该数

$$\sum_{t=1}^{N+1} \left(\left(\sum_{l=1}^{i_t - 1} p'_l \right) \prod_{s=1}^{t-1} p'_{i_s} \right) + \tau_0 \prod_{s=1}^{N+1} p'_{i_s}$$

依照二进制展开就是序列 $(a_{i_1}, a_{i_2}, \cdots, a_{i_N}, a_{i_{N+1}})$ 的算术编码,即满足

$$\sum_{t=1}^{N+1} \left(\left(\sum_{l=1}^{i_t - 1} p'_l \right) \prod_{s=1}^{t-1} p'_{i_s} \right) + \tau_0 \prod_{s=1}^{N+1} p'_{i_s} = \sum_{i=1}^{L} b_i \cdot 2^{-i},$$

L 为码长,b_i 为 0 或 1,但 $b_L = 1$。因

应用信息论

$$\tau_0\left(\prod_{s=1}^{N}p'_{i_s}\right)<\min_{i_t\neq1,1\leqslant t\leqslant N}\left(\sum_{l=1}^{i_t-1}p'_l\right)\prod_{s=1}^{t-1}p'_{i_s},$$

故当序列长度 N 足够大时

$$\tau_0\prod_{s=1}^{N+1}p'_{i_s}=\tau_0\left(\prod_{s=1}^{N}p'_{i_s}\right)\delta=\tau_0\left(\prod_{s=1}^{N}p'_{i_s}\right)\frac{1}{N+1}$$

$$\ll\min_{i_t\neq1,1\leqslant t\leqslant N}\left(\sum_{l=1}^{i_t-1}p'_l\right)\prod_{s=1}^{t-1}p'_{i_s},$$

必有

$$2^{-(L-1)}>\tau_0\left(\prod_{s=1}^{N}p'_{i_s}\right)\frac{1}{N+1}\geqslant2^{-L}. \tag{2.6.7}$$

上面不等式的信息学意义为码长 L 随着信源序列长度 N 增加而增长。对式(2.6.7)两边取 2 为底的对数,并整理如下:

$$-\log\tau_0-\sum_{s=1}^{N}\log p'_{i_s}+\log(N+1)\leqslant L$$

$$<-\log\tau_0-\sum_{s=1}^{N}\log p'_{i_s}+\log(N+1)+1,$$

为估计平均码长的极限情况,将该式两端除以 $N+1$,得到

$$-\frac{\log\tau_0}{N+1}-\frac{1}{N+1}\left[\sum_{s=1}^{N}\log p'_{i_s}+\log\frac{1}{(N+1)}\right]$$

$$\leqslant\frac{L}{N+1}<-\frac{\log\tau_0}{N+1}-\frac{1}{N+1}\left[\begin{matrix}\sum_{s=1}^{N}\log p'_{i_s}+\\\log\frac{1}{(N+1)}\end{matrix}\right]+\frac{1}{N+1}.$$

$$\tag{2.6.8}$$

将序列 $(a_{i_1},a_{i_2},\cdots,a_{i_N},a_{i_{N+1}})$ 里每一个信源符号(包含结束符)出现的频次进行统计,并按照信源符号改写求和式,由式(2.6.8)得到

$$-\frac{\log\tau_0}{N+1}-\left[\frac{N_s}{N+1}\sum_{s=1}^{K}\log p'_s+\frac{1}{(N+1)}\log\frac{1}{(N+1)}\right]$$

$$\leqslant\frac{L}{N+1}<-\frac{\log\tau_0}{N+1}-\left[\frac{N_s}{N+1}\sum_{s=1}^{K}\log p'_s+\right.$$

$$\left. \frac{1}{(N+1)}\log\frac{1}{(N+1)}\right] + \frac{1}{N+1}, \tag{2.6.9}$$

其中 N_s 表示符号 a_s 在 N 长序列里出现的频次,即 $\sum\limits_{s=1}^{K}N_s = N$。根据大数定律,$\frac{N_s}{N}$ 依概率收敛到 p_s(当 N 趋于正无穷时),也即 $\frac{N_s}{N+1} = \frac{N_s}{N} \cdot$

$\frac{N}{N+1}$ 依概率收敛到 p'_s,于是

$$-\left[\frac{N_s}{N+1}\sum_{s=1}^{K}\log p'_s + \frac{1}{(N+1)}\log\frac{1}{(N+1)} \right]$$

依概率收敛到随机变量 Y 的熵 $H(Y)$。而当 N 趋于正无穷时,由引理 1 知 $H(Y)$ 收敛到 $H(X)$,所以式(2.6.9)中根据两边夹法则 $\frac{L}{N+1}$ 依概率收敛到 $H(X)$,也即 $\frac{L}{N} = \frac{L}{N+1} \cdot \frac{N+1}{N}$ 依概率收敛到 $H(X)$。证毕。

　　关于符号概率模型的自适应更新,可以采用如下机制:首先,各个符号采用等概率初值,例如有 5 个符号,那么初值为 0.2;又设初始采样数为 100,那么每个符号初始已经有 20 个采样了。然后开始读入字符串,每读一个符号,总采样数加 1,该符号的采样加 1,由此更新全部的概率,即该采样符号的概率为 21/101,其余符号均为 20/101。在对输入序列的最后一个符号进行编码后,更新完毕的概率模型是不用保存或传输给解码端的,只要解码机制采用编码相同的概率更新模型,则可以保持编解码两端一致的概率模型,从而保证解码的有效性。

第七节　LZW 编码

　　LZW 编码(Lempel-Ziv-Welch,缩写 LZW)是由以色列和美国科学家共同提出的一种无损数据压缩算法。与霍夫曼编码相比,LZW 编码法被视作将不同长度字符串以固定长的码(12 位长度)编辑(霍夫曼编码将固定长度字符用不同长度的码编辑)。LZW 编码的基本

思想是在对输入字符串的读入过程中自动生成一个编译表,将符号片段用编译表中的代号替代以减少字符的数量,这个编译表不需要保存,在解码时从已编码的数据可以自适应地生成与之前完全相同的编译表,从而达到恢复原始字符串的目的。

LZW 编码中主要有三主体,即输入字符串、输出码字串以及作为字典的编译表。其中字典的尺寸是 12 位比特,默认内置 256 个 ASCII 码字符,剩余 3840 个作为待生成的动态符号的容量。字典字符串有一个前缀性特点,即如果 ωK 包含在字典中则意味着 ω 也在字典中。

在编码阶段的算法流程如图 2.7.1 所示。

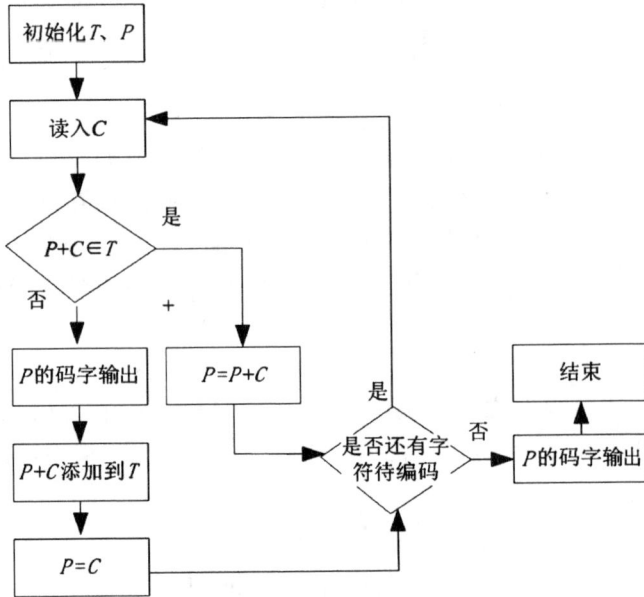

图 2.7.1 LZW 编码流程

步骤 1.初始化字典 T,即仅含 256 默认字符,其他暂空;前缀变量 P 为空。

步骤 2.读入输入字符串的一个字符,拷贝到 C。

步骤 3.判断缀符 $P+C$ 是否在字典里。

1)如果"是":令 $P=P+C$;

2)如果"否":

①把 P 的码字(字典里的序号)写到码字串里;

②把缀符 $P+C$ 添加到字典里;

③令 $P=C$。

步骤 4.判断字符串中是否还有字符要编码。

1)如果"是":返回到步骤 2;

2)如果"否":

①把代表当前前缀 P 的码字输出到码字流;

②结束。

解码阶段的算法流程,如图 2.7.2 所示。

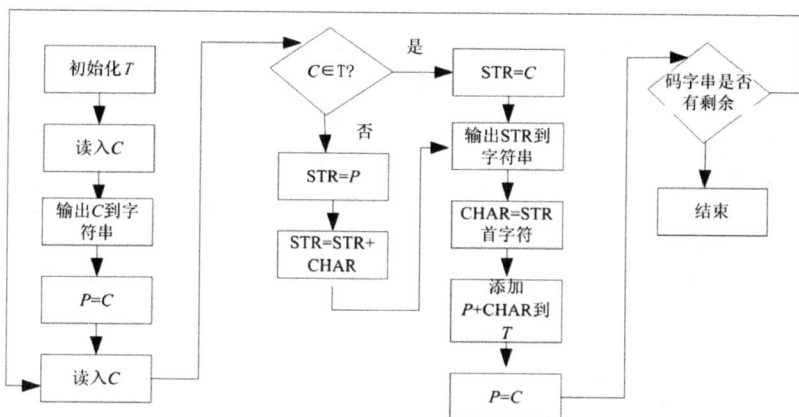

图 2.7.2　LZW 解码流程

步骤 1.初始化字典 T,即仅含 256 默认字符,其他暂空。

步骤 2.读入输入码字串的第一个字符,拷贝到 C。

步骤 3.输出 C 到字符串。

步骤 4.$P=C$。

步骤 5.读入输入码字串的下一个字符,拷贝到 C。

步骤 6. 在 T 中有 C？

如果"是"：输出 C 到临时变量 STR；

如果"否"：

输出 P 到临时变量 STR；

STR＝STR＋CHAR。

步骤 7. 输出 STR 到字符串。

步骤 8. 临时变量 CHAR 取 STR 首字符。

步骤 9. 添加 P＋CHAR 到字典 T。

步骤 10. $P＝C$。

步骤 11. 码字串是否还有剩余码字？

如果"是"：回到步骤 5；

如果"否"：结束。

最后给出一个 LZW 的算例。假设需要对 $\{a,b,c\}$ 元素组成的序列进行 LZW 编码，字典的基本成分是 $\{0,1,2\}$，然后使用 $3,4,\cdots,9$ 等 7 个数表示动态符号串。即使用一位十进制数来编码，0 代表 a，1 代表 b，2 代表 c。现在对于输入字符串 "$babbaa$" 进行编码，得到字典 T，如图 2.7.3 所示。

a	0
b	1
c	2
ba	3
ab	4
bb	5
baa	6

图 2.7.3 "$babbaa$" 生成的字典

最终字符串 "$babbaa$" 的编码为 "10130"。

习　题

1.设$(p_1,p_2,\cdots,p_K)$为概率分布,证明信息熵具有可分解性,即满足 $H(p_1,p_2,\cdots,p_K)=H(p_1,1-p_1)+(1-p_1)H\left(\dfrac{p_2}{1-p_1},\dfrac{p_3}{1-p_1},\cdots,\dfrac{p_K}{1-p_1}\right)$。

2.设服从分布 $X=\begin{pmatrix}a & b & c & d\\0.1 & 0.2 & 0.3 & 0.4\end{pmatrix}$的独立、平稳和无记忆的随机过程的一个实例 $\alpha_6=abdccb$,求自信息 $I(\alpha_6)$。

3.简单等长无错编码。N 长离散序列$(X_1,X_2,\cdots,X_N)$,X_n 取值于符号集$\{x_1,x_2,\cdots,x_K\}$。用 l 长码字表示 N 长离散序列,码元符号集$\{c_1,c_2,\cdots,c_D\}$,D 为码元数。证明:

$$\frac{N\log K}{\log D}\leqslant l<\frac{N\log K}{\log D}+1。$$

4.不等长编码实例。计算如表 2.8.1 所示的两个编码,并判断是否满足 Kraft 不等式,且判断哪一个更优。

表 2.8.1　两个不等长编码

	x_1	x_2	x_3	x_4
概率	1/2	1/3	1/12	1/12
编码 1	0	10	1100	1101
编码 2	0	10	110	111

5.随机变量 X 的平均码长定义为 $\bar{L}=\sum_{k=1}^{K}p_kl_k$,证明同分布于 X 的离散平稳无记忆 N 长信源的平均码长为$\bar{L}_N=N\sum_{k=1}^{K}p_kl_k\left(\sum_{k=1}^{K}p_k\right)^{N-1}=N\bar{L}$。

6.同上离散平稳无记忆 N 长信源的平均码长 $\bar{L}_N$ 满足不等式

$$\frac{H(X)}{\log D}+\frac{1}{N}>\frac{\overline{L_N}}{N}\geqslant\frac{H(X)}{\log D},D \text{ 为码元符号数}。$$

7.证明熵最优编码当 $p_i>p_j\Rightarrow l_i\leqslant l_j$。

8.证明在 Huffman 编码中概率最小的两个符号 x_i 和 x_j 的码长相等;此外,若码长相等的码字有两个以上时,必有其中两个码字仅最后一位符号不同。

9.写出 Huffman 编码码树,分布 $\begin{pmatrix} x_1 & x_2 & x_3 & x_4 & x_5 \\ 0.1 & 0.15 & 0.2 & 0.25 & 0.3 \end{pmatrix}$。

10.关于温度 T 与天气 W 的两个随机变量的信息熵,$T=\{t_1: <-5℃;t_2:-5\sim5℃;t_3:>5℃\}$,$W=\{\omega_1:\text{snow};\omega_2:\text{rain};\omega_3:\text{sun}\}$,它们的联合分布如表 2.8.2 所示。

表 2.8.2 T、W 联合分布

$p(T,W)$	ω_1	ω_2	ω_3
t_1	2/9	1/18	1/18
t_2	1/18	2/9	1/18
t_3	1/18	1/18	2/9

①求 $H(W|T)$,先求 $H(W|T=t_1)$、$H(W|T=t_2)$ 和 $H(W|T=t_3)$,然后平均;

②求 $H(W)$、$H(T)$;

③求 $H(T|W)$,并验证 $H(W)-H(W|T)=H(T)-H(T|W)$。

11.U、V 为离散随机变量,证明:$H(U|V)<=H(U)$。

12.证明熵的链式法则:

①证明:$H(U,V)=H(U)+H(V|U)=H(V)+H(U|V)$;

②已知 $U=f(V)$,f 为确定的已知函数,求 $H(U|V)$;

③已知 $U=f(V)$,证明:$H(U)<=H(V)$;

④$H(U,V)=H(U)+H(V)$,U、V 互相独立,且 $H(U|V)=H(U)$,$H(V|U)=H(V)$;

⑤U、V 互相独立,证明:$I(U;V)=0$。

13. 关于前缀码、唯一可译码，表 2.8.3 表示两个编码 Ⅰ、Ⅱ。

表 2.8.3　不等长编码码 Ⅰ、Ⅱ

字母	概率	码 Ⅰ	码 Ⅱ
a_1	0.4	1	1
a_2	0.3	01	10
a_3	0.2	001	100
a_4	0.1	000	1000

问：

①哪些是前缀码？

②哪些是唯一可解码？

③码 Ⅱ 中"1"的作用是什么？

14. 关于 Kraft 不等式。$U=\{a,b,c,d,e\}$，$P(a)=1/2$，$P(b)=1/4$，$P(c)=1/8$，$P(d)=1/16$，$P(e)=1/16$，它们对应的码长为 $l_a=1$，$l_b=2$，$l_c=3$，$l_d=4$，$l_e=4$。

①计算 $\sum\limits_{i=a}^{i=e} 2^{-l_i}$；

②给出 U 的 Huffman 编码；

③计算平均码长 $\overline{L}$；

④计算 $H(U)$；

⑤如果 $\overline{L}\neq H(U)$，怎么逼近 $H(U)$？

15. 关于 Suffix-free 码。所谓 Suffix-free 码就是没有一个码是其他码字的后缀。请问：

①该码是否为唯一可译码？

②该码是即时码吗？（即时码，就是解码时没有延时的编码）

16. 关于 Shannon 码。符号 $U=\{a_1,a_2,\cdots,a_m\}$ 且 $P(a_1)\geqslant P(a_2)\geqslant\cdots\geqslant P(a_m)$。

定义 $1>Q_i=\sum\limits_{k=1}^{i-1}P(a_k)$，$i>1$，且 $Q_1=0$；对 a_i 的编码为 Q_i 的

二进制展开,并且展开位数直到长度 l_i 满足 $l_i = \lceil -\log p(a_i) \rceil$ 截断,如果位数不足,则以补 0 至满足长度 l_i。

①构造 $U = \{a_1, a_2, \cdots, a_8\}$ 的概率分布 $\{1/4, 1/4, 1/8, 1/8, 1/16, 1/16, 1/16, 1/16\}$ 的 Shannon 码;

②证明所述方法产生的码为 Prefix-free 码,并且平均码长 $H(U)$ $\leqslant \bar{L} < H(U) + 1$。

17. 如图 2.8.4,小明和小红分住两个山头,使用开窗闭窗传递信号,为防止对方看不到开关窗的变化,每次开关窗状态维持一个小时,现在他们约定周一去看电影,看电影的时间点有 18:00、20:15、20:45 和 21:00。请问:

①设计一个码使得传递时间尽可能地短(提示:传递的时间信号有 4 个,只要使用 1、2、3 和 4 的区分即可,不是要传具休的时间数字,如 20:15,总共含 4 个数字)。

②假设 20:15 去看电影的概率为 50%,21:00 去的概率为 25%,其他两个时段去的概率为 12.5%,此时的码最短多少?

③以上情形 2 为何比情形 1 要短?

④如果他们总是约定 20:45 去看电影,请问传递时间多少?

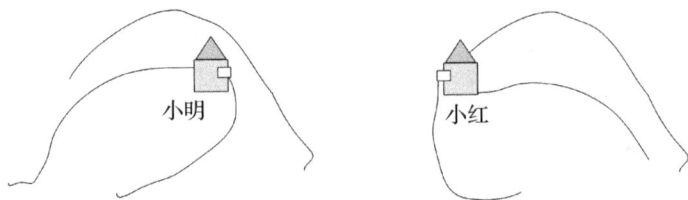

图 2.8.4 小明和小红使用开窗、关窗进行通信

18. 随机变量 χ 另有 K 个候选概率分布 $p_1(X), p_2(X), \cdots, p_K(X)$;记 H_k 为 $p_k(X)$ 的概率分布的熵 $H_k = -\sum_{x \in \chi} p_k(x) \log_2 p_k(x)$;对 $x \in \chi$,$\hat{p}(x) = \max_{1 \leqslant k \leqslant K} \{p_k(x)\}$ 且 $A = \sum_{x \in \chi} \hat{p}(x)$。证明:

①$1 \leqslant A \leqslant K$；

② 存在码长为$\lceil -\log_2 \hat{p}(x) + \log_2 A \rceil$的前缀码；

③ 令$\bar{L}_k = \sum_{x \in \chi} p_k(x)l(x)$，满足$H_k \leqslant \bar{L}_k < H_k + \log_2 A + 1$。

19. 令$x \in \{1,2,3,4,5,6\}$，$p_1=1/12$，$p_2=1/9$，$p_3=1/18$，$p_4=1/6$，$p_5=1/12$，$p_6=1/2$，其中$p_i = Pr\{x=i\}$，求：

①$H(X)$；

②允许问"x 是否包含在某个集合S 里"，而答案只能是是与否的二元化答案，则为猜出X 所能问的平均最少数量的问题数为多少？

③Y 是直至出现 6 的抛射数，如 2,6 则$Y=2$；如 1,4,2,4,6，则$Y=5$。求：

◇$P_r(Y=k)$；

◇$H(Y)$；

◇$\bar{l}$。

20. 在 Huffman 编码中$l_1 \geqslant l_2 \geqslant \cdots \geqslant l_{10}$且$p_1 \geqslant p_2 \geqslant \cdots \geqslant p_{10}$，将该分布最后一点裂开：$p_1, p_2, \cdots, p_9, \alpha p_{10}, (1-\alpha)p_{10}$，此处$0 \leqslant \alpha \leqslant 1$，对应的码长$\tilde{l}_1, \tilde{l}_2, \cdots, \tilde{l}_{11}$，证明$\tilde{\bar{l}} = \bar{l} + p_{10}$。

21. 求分布$P = \left(\dfrac{1}{100}, \dfrac{1}{100}, \cdots, \dfrac{1}{100}\right)$的二进制最优码长。

22. 下面哪一组码长来自于二进制 Huffman 编码？

①$(1,2,2)$；

②$(2,2,3,3)$。

23. 下面哪一组码长来自于三进制 Huffman 编码？

①$(1,2,2,2,2)$；

②$(2,2,2,2,2,2,2,2,3,3,3)$。

24.随机变量 X 的分布如表 2.8.5 所示。

表 2.8.5　X 的分布

X	1	2	3	4	5	6
P	1/2	1/4	1/16	1/16	1/16	1/16

求 $E(X)$、$E(X^2)$、$E(P_X(x))$。

25.随机变量 C、S 取值于 $\{h,w,c,i\}$，它们的联合概率分布 P_{CS} 如表 2.8.6 所示。

表 2.8.6　C、S 联合分布

P_{CS}　S C	h	w	c	i
h	0.17	0.12	0.03	0
w	0.04	0.09	0.06	0.01
c	0.01	0.06	0.10	0.03
i	0	0.03	0.11	0.14

①证明 P_{CS} 为概率分布(提示二维积分为 1)；

②求随机变量 C、S 的分布 P_C、P_S；

③证明 $P(C=c,S=w)=P(C=c)P(S=w)$。

26.求概率序列 $P=(p_1,p_2,\cdots)$ 使得 $H(P)=\infty$。(考虑除了平均分布之外)

27.解释原理。有 52 张牌(正常的牌去掉大小王)，进行随机洗牌，然后张三背着李四单独抽了任意 5 张牌，并且告诉李四其中四张是草花 9、黑桃 6、红桃 4 和方块 10，则李四报出第五张一定是草花 Q。解释李四能够正确报出第五张牌的原因，并解释这个原理成立的牌数的上限值。

28.一个魔术解释原理。张三声称有特异功能，李四给王五六张空白卡，其中五张白色、一张蓝色。王五在每张卡上写一个范围在 1 到 100 的不同整数，李四注视着，但张三没有看到。王五保留了蓝卡,李四将五张白卡重新排序给张三过目,于是张三报出了蓝卡的数字。请问张三是怎么做到的?

29. 使用一枚硬币怎么在三个人里分配一根吸管?

30. 小红丢了两个骰子并记录点数之和。小明使用是否二元化答案的问题设问来猜得骰子的数字,那么他平均需要至少设问多少次才能猜中?

31. 对算术编码进行编程实验,实现概率自适应、整点运算(防止浮点溢出)和终止符。

32. 关于信源编码。以信源像素序列 $X_1, X_2, \cdots, X_n, \cdots, P_r\{X_i = \text{White}\} = 0.995, P_r\{X_i = \text{Black}\} = 0.005$,对一次一百个像素的序列进行编码,使用等长方式;就这种情形,针对至多 3 个黑像素的序列进行无失真编码,而其余可以容忍错误。

①计算各自需要的码字数目;

②计算需要多少位为编码多个序列,与理论最小值比较;

③怎样在理论和实践上提升性能?

④设计遇到未列出序列如何处置的编码格式。

33. 对由 $\{a, b\}$ 组成的序列使用十进制一位数编码,字典动态空间数 2 到 9 的 8 个数,请对输入序列"$aababbabbaaabbaabbababbaba$"写出其生成的字典、编码结果,并评价编码效率。

34. 使用软件实现标准的 12 位 LZW 算法,其中字典默认包含 256 个 ASCII 码,其余作为动态符号编码空间,要求程序对输入的字符串的编码结果计算编码效率。

第三章　信道编码

第一节　贝叶斯估计

在阐述信道编解码理论时要用到贝叶斯估计。本节先来回顾一下贝叶斯估计的有关知识。首先有条件概率公式

$$P(H\mid E)=\frac{P(H,E)}{P(E)}=\frac{P(E\mid H)P(H)}{P(E)} \tag{3.1.1}$$

其中，$P(H)$ 称为先验概率，$P(H\mid E)$ 称为后验概率，即由事件 E 发生后的对 H 的发生概率的修正。$\dfrac{P(E\mid H)}{P(E)}$ 是标准似然比，当它大于 1 时意味着事件 E 的发生增强了事件 H 发生的概率；当它等于 1 时意味着，事件 E 对事件 H 没有影响；当它小于 1 时，意味着事件 E 将弱化事件 H 的发生。如果 $H_1,H_2,\cdots,H_n$ 构成一个完备事件组，即它们之间互不相容，但合集为全集，并且 $P(H_i)>0$，$\sum\limits_{i=1}^{n}P(H_i)=1$，于是式（3.1.1）写成全概率形式

$$P(H_i\mid E)=\frac{P(E\mid H_i)P(H_i)}{\sum\limits_{j=1}^{n}P(E\mid H_j)P(H_j)} \tag{3.1.2}$$

在概率论史上关于概率有所谓频率学派和贝叶斯学派之争。频率学派认为概率是事件在独立试验时重复的频次（占试验总次数的比例），当试验次数趋于无穷时，频率逼近的极限就是概率；而贝叶斯学派遵从的观点是概率基于观察者，在一定的观察条件下，概率值可

— 54 —

以得到修正,或增强,或减弱。在贝叶斯统计中,如果先验分布和后验分布属于同类分布,则它们称为共轭分布。下面以一个实例分别说明贝叶斯估计和其他相关的两类估计。

以抛硬币为例,估计其正面朝上的概率 θ。为了对 θ 进行估计,进行 10 次抛币试验(每次试验显然符合二项分布,其各次互相独立,称为 iid 独立同分布试验),试验记为 $X=x_1,x_2,\cdots,x_{10}$,正面朝上 6 次,反面朝上 4 次,结果为 $(1,0,1,1,0,0,0,1,1,1)$。

首先介绍使用极大似然法来估计 θ。极大似然估计的思想是使得观测的样本数据的发生概率最大,对 iid 的样本集来说,总体似然是样本似然的乘积,针对以上实例可写出

$$\max_{\theta} L(X;\theta) = \max_{\theta} \prod_{i=1}^{n} P(x_i \mid \theta) = \max_{\theta} \theta^6 (1-\theta)^4$$

$$(3.1.3)$$

令 $\dfrac{\mathrm{d}L(X;\theta)}{\mathrm{d}\theta}=0 \Rightarrow \theta=0.6$,得到似然函数如图 3.1.1 所示。

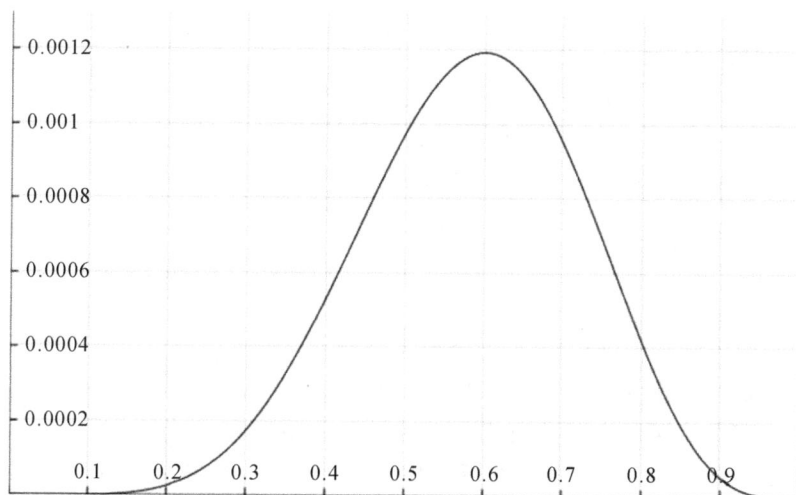

图 3.1.1　似然函数 $L(X;\theta)$

鉴于总体似然是样本似然的乘积,为便于数学处理使用其对数形式,从而转成对数的样本似然和,例如式(3.1.3)变为

$$\max_{\theta}\ln L(X;\theta) = \max_{\theta}\ln\prod_{i=1}^{n}P(x_i\mid\theta) = \max_{\theta}\sum_{i=1}^{n}\ln P(x_i\mid\theta)$$
$$= \max_{\theta}\{6\ln\theta + 4\ln(1-\theta)\} \qquad (3.1.4)$$

令 $\dfrac{\mathrm{d}\ln L(X;\theta)}{\mathrm{d}\theta}=0 \Rightarrow \hat{\theta}=0.6$。

如果样本符合正态分布 $N\sim(\mu,\sigma)$,则似然函数为

$$L(X;\mu,\sigma^2) = \prod_{i=1}^{n}\frac{1}{\sqrt{2\pi}\sigma}e^{-\frac{(x_i-u)^2}{2\sigma^2}} \qquad (3.1.5)$$

对其取对数

$$\ln L(\mu,\sigma) = -\frac{n}{2}\ln(2\pi) - \frac{n}{2}\ln(\sigma^2) - \frac{1}{2\sigma^2}\sum_{i=1}^{n}(x_i-\sigma)^2 \qquad (3.1.6)$$

对 μ、σ^2 求偏导,令偏导数为 0,得

$$\begin{cases} 0 = \dfrac{\partial L}{\partial\mu} = \dfrac{1}{\sigma^2}\sum_{i=1}^{n}(x_i-\mu) \\ 0 = \dfrac{\partial L}{\partial\sigma^2} = -\dfrac{n}{2\sigma^2} + \dfrac{1}{2\sigma^4}\sum_{i=1}^{n}(x_i-\mu)^2 \end{cases}$$

解出

$$\begin{cases} \hat{\mu} = \dfrac{1}{n}\sum_{i=1}^{n}x_i = \bar{x} \\ \hat{\sigma}^2 = \dfrac{1}{n}\sum_{i=1}^{n}(x_i-\bar{x})^2 \end{cases} \qquad (3.1.7)$$

$\hat{\mu}$、$\hat{\sigma}^2$ 即为正态分布中参数 μ、σ^2 的极大似然估计。

其次使用最大后验概率估计。最大后验概率估计是一种正则化的极大似然估计,上面极大似然估计是使得 $P(X|\theta)$ 最大来求 θ,其时虽然 θ 未知,但实际上 θ 是固定量。而最大后验概率估计是将 θ 看作随机变量,θ 的概率分布 $P(\theta)$ 称为先验分布,在求解时除了考虑 $P(X|\theta)$ 最大外,还要考虑 $P(\theta)$,一般是设计为使得 $P(X|\theta)P(\theta)$ 取

得最大。由于 X 的先验分布是固定的(因为样本 X 已经给出),因此实际上是使得 $\dfrac{P(X|\theta)P(\theta)}{P(X)}$ 最大化,由贝叶斯法则 $\dfrac{P(X|\theta)P(\theta)}{P(X)}=P(\theta|X)$,因此是最大化 θ 的后验概率 $P(\theta|X)$。即正则化的极大似然估计,正则项就是 $P(\theta)$,而在极大似然估计中相当于 $P(\theta)=1$。最大后验概率的公式表示为

$$\arg\max_{\theta}P(\theta|X)=\arg\max_{\theta}\frac{P(X|\theta)P(\theta)}{P(X)}$$
$$\propto\arg\max_{\theta}P(X|\theta)P(\theta) \tag{3.1.8}$$

在抛硬币试验中认为 $\theta=0.5$ 的可能性最大,使用均值为 0.5、方差为 0.1 的高斯分布作为 θ 的先验分布(见图 3.1.2):

$$\frac{1}{\sqrt{2\pi}\sigma}e^{-\frac{(x-\mu)^2}{2\sigma^2}}=\frac{10}{\sqrt{2\pi}}e^{-50(x-0.5)^2} \tag{3.1.9}$$

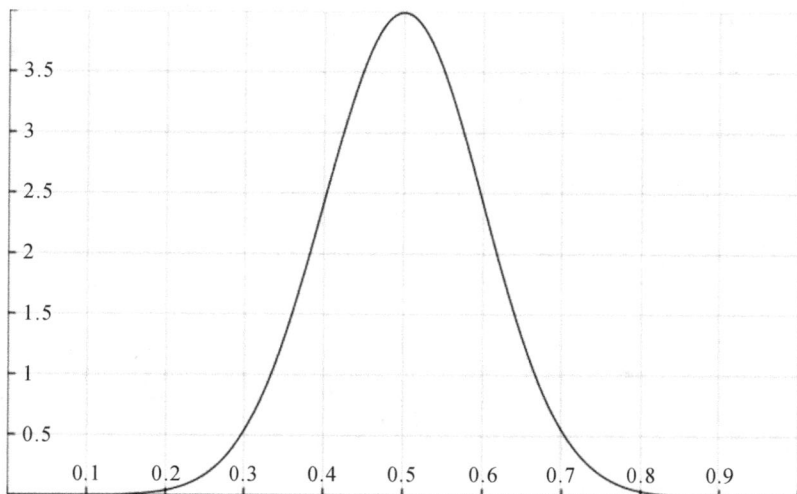

图 3.1.2 θ 的高斯分布曲线

因此后验概率为

$$P(X|\theta)P(\theta)=\theta^6(1-\theta)^4\frac{10}{\sqrt{2\pi}}e^{-50(x-0.5)^2} \tag{3.1.10}$$

转为对数函数

$$\ln(P(X|\theta)P(\theta)) = \ln\left(\theta^6(1-\theta)^4 \frac{10}{\sqrt{2\pi}} e^{-50(x-0.5)^2}\right)$$

$$= 6\ln\theta + 4\ln(1-\theta) + \ln\frac{10}{\sqrt{2\pi}} - 50(\theta-0.5)^2$$

令 $\dfrac{\mathrm{d}\ln(P(X|\theta)P(\theta))}{\mathrm{d}\theta} = 0$，可得

$$150\theta^3 - 150\theta^2 + 40\theta + 6 = 0$$

由于 $0 \leqslant \theta \leqslant 1$，解出 $\hat{\theta} \approx 0.529$，$P(X|\theta)P(\theta)$ 的函数曲线如图 3.1.3 所示，基本符合 θ 的估计值 $\hat{\theta}$。

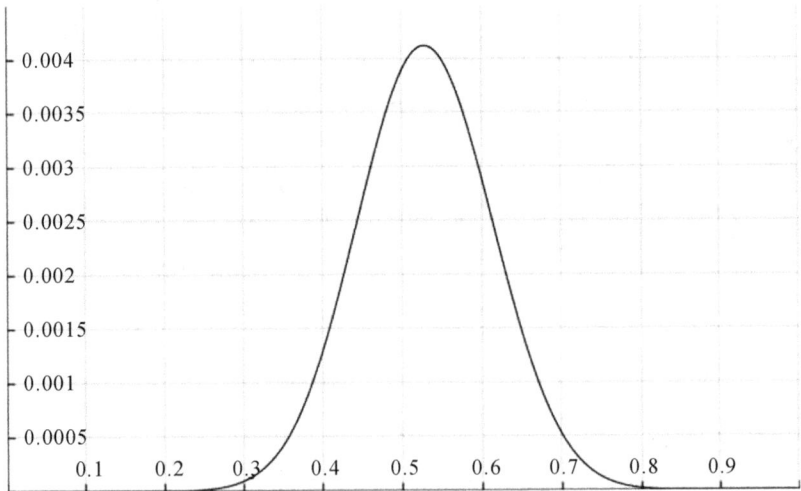

图 3.1.3　$P(X|\theta)P(\theta)$ 的函数曲线

如果用均值 0.6、方差为 0.1 的高斯分布来描述 θ 的先验分布，则 $\hat{\theta} = 0.6$，由此可见在最大后验概率估计中，θ 的估计值和 θ 的先验分布有很大关系。这也说明一个合理的先验概率估计是非常重要的，如果先验分布假设错误，则会导致估计的参数值偏离实际的参数值。

最后关于使用贝叶斯估计。它实际是将全概率贝叶斯公式里的 $P(X)$ 视作仍是受 θ 分布影响的，即 $P(X) = \int_{\Theta} P(X \mid \theta) P(\theta) \mathrm{d}\theta$，于是式（3.1.8）变为

$$\arg\max_{\theta} P(\theta \mid X) = \arg\max_{\theta} \frac{P(X \mid \theta) P(\theta)}{\int_{\Theta} P(X \mid \theta) P(\theta) \mathrm{d}\theta} \quad (3.1.11)$$

假设 θ 符合先验分布为贝塔分布 $P(\theta) \sim Beta(\alpha, \beta)$，贝塔分布的概率密度公式为

$$f(x; \alpha, \beta) = \frac{1}{B(\alpha, \beta)} x^{\alpha-1} (1-x)^{\beta-1} \quad (3.1.12)$$

其中 $B(\alpha, \beta) = \int_0^1 x^{\alpha-1} (1-x)^{\beta-1} \mathrm{d}x$ ，即 $B(\alpha, \beta)$ 是密度函数归一化常量。因此全概率贝叶斯公式可以写作

$$
\begin{aligned}
P(\theta \mid X) &= \frac{P(X \mid \theta) P(\theta)}{\int_{\Theta} P(X \mid \theta) P(\theta) \mathrm{d}\theta} \\[2mm]
&= \frac{\theta^6 (1-\theta)^4 \dfrac{\theta^{\alpha-1}(1-\theta)^{\beta-1}}{B(\alpha, \beta)}}{\int_{\Theta} \theta^6 (1-\theta)^4 \dfrac{\theta^{\alpha-1}(1-\theta)^{\beta-1}}{B(\alpha, \beta)} \mathrm{d}\theta} \\[2mm]
&= \frac{\theta^{6+\alpha-1}(1-\theta)^{4+\beta-1}}{\int_{\Theta} \theta^{6+\alpha-1}(1-\theta)^{4+\beta-1} \mathrm{d}\theta} \\[2mm]
&= \frac{\theta^{6+\alpha-1}(1-\theta)^{4+\beta-1}}{B(\alpha+6, \beta+4)} \\[2mm]
&= Beta(\theta \mid \alpha+6, \beta+4)
\end{aligned}
$$

上式说明 $P(\theta \mid X) \sim Beta(\theta \mid \alpha+6, \beta+4)$。如果由贝叶斯估计得到 θ 的后验分布有一个有限的期望值，那么可以用期望值作为 θ 的估计。假设 $\alpha=3, \beta=3, P(\theta \mid X) \sim Beta(\theta \mid 9, 7)$，而 $Beta(\theta \mid 9, 7)$ 的曲线如图 3.1.4 所示。

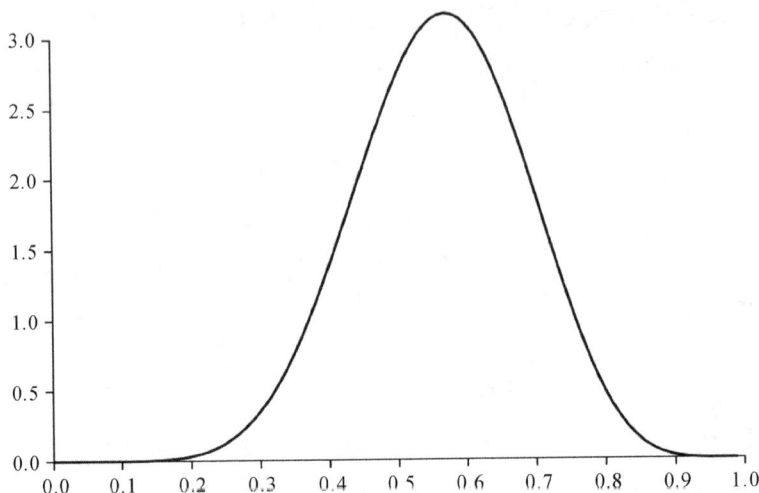

图 3.1.4 $Beta(\theta|9,7)$函数图

从图 3.1.4)看出 θ 的估计 $\hat{\theta}$ 在 0.6 附近,根据贝塔分布的数学

期望公式 $E(\theta)=\dfrac{\alpha}{\alpha+\beta}$ 可得

$$\hat{\theta}=\int_{\Theta}\theta P(\theta\mid X)\mathrm{d}\theta=\frac{\alpha}{\alpha+\beta}=\frac{9}{9+7}=0.5625 \quad (3.1.13)$$

进一步贝叶斯估计可以作新数据的出现概率的估计,例如考虑

$$P(\tilde{x}\mid X)=\int_{\Theta}P(\theta\mid X)P(\tilde{x}\mid\theta)\mathrm{d}\theta$$

$$=\int_{\Theta}\frac{P(X\mid\theta)P(\theta)}{P(X)}P(\tilde{x}\mid\theta)\mathrm{d}\theta \quad (3.1.14)$$

总结以上三类估计的方法和结果如表 3.1.1 所示。

表 3.1.1　各类估计法的结果

类型	极大似然估计	最大后验概率估计	贝叶斯估计
$\hat{\theta}$	0.6	0.57	0.5625
f	$P(X\mid\theta)$	$P(X\mid\theta)\,P(\theta)$	$\dfrac{P(X\mid\theta)P(\theta)}{P(X)}$

第二节 互信息和信道容量

在通信技术中信道编解码是继信源编解码后的环节，主要用于抵抗信道传输噪声引起的误码、丢码等干扰现象。和信源编码对数据进行压缩不同，信道编码是对数据添加冗余，使得冗余机制能恢复信道传输发生的随机错误。一般通信系统架构的主要模型如图3.2.1所示。

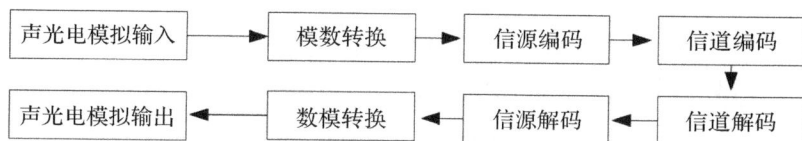

图 3.2.1 通信系统架构

描述信道的最佳的定量概念是互信息，首先引进转移概率矩阵的信道模型。假设信道输入随机变量 X 取值于 $\{x_1, x_2, \cdots, x_K\}$，输出随机变量 Y 取值于 $\{y_1, y_2, \cdots, y_L\}$；并且输入变量的概率分布为 $\{p_1, p_2, \cdots, p_K\}$，输出变量的概率分布为 $\{q_1, q_2, \cdots, q_L\}$，$\sum_{i=1}^{K} p_i = 1$，$\sum_{i=1}^{L} q_i = 1$，$p_i, q_i > 0$。信道 $(X, p(y \mid x), Y)$ 的转移概率矩阵为

$$P = \begin{bmatrix} p(y_1 \mid x_1) & \cdots & p(y_L \mid x_1) \\ \cdots & \cdots & \cdots \\ p(y_1 \mid x_K) & \cdots & p(y_L \mid x_K) \end{bmatrix} \tag{3.2.1}$$

同时满足以下各式：

$$p(x_k, y_l) = p_k p(y_l \mid x_k) \tag{3.2.2}$$

$$\sum_{l=1}^{L} p(y_l, x_k) = \sum_{l=1}^{L} p_k p(y_l \mid x_k) = p_k \tag{3.2.3}$$

$$p(x_k \mid y_l) = \frac{p(x_k, y_l)}{q_l}, \sum_{k=1}^{K} p(x_k \mid y_l) = 1 \tag{3.2.4}$$

$$q_l = \sum_{k=1}^{K} p(y_l, x_k) = \sum_{k=1}^{K} p_k p(y_l \mid x_k) \tag{3.2.5}$$

由式(3.2.5)得到矩阵形式

$$\begin{bmatrix} q_1 \\ q_2 \\ \cdots \\ q_L \end{bmatrix} = P^{\mathrm{T}} \begin{bmatrix} p_1 \\ p_2 \\ \cdots \\ p_K \end{bmatrix} \tag{3.2.6}$$

例 3.2.1   二进对称信道(Binary Symmetric Channel, BSC), 符号集$\{0,1\}$, $x_1=0=y_1$, $x_2=1=y_2$。

解:转移概率为 $p(y_1 \mid x_1) = p(0 \mid 0) = 1 - p = \bar{p}$; $p(y_1 \mid x_2) = p(0 \mid 1) = p$

$$p(y_2 \mid x_1) = p(1 \mid 0) = p; p(y_2 \mid x_2) = p(1 \mid 1) = 1 - p = \bar{p}$$

且 $p >= 0, \bar{p} >= 0, p + \bar{p} = 1, P = \begin{bmatrix} \bar{p} & p \\ p & \bar{p} \end{bmatrix}$。

事件的互信息

设 x_k、y_l 为输入输出变量的两个事件值,定义它们的互信息 $I(x_k; y_l)$, 即

$$\begin{aligned} I(x_k; y_l) &= \log \frac{p(x_k, y_l)}{p_k q_l} \\ &= \log \frac{p(x_k \mid y_l)}{p_k} \\ &= \log \frac{p(y_l \mid x_k)}{q_l} \\ &= I(y_l; x_k) \end{aligned} \tag{3.2.7}$$

因 $I(x_k) = -\log p_k$、$I(y_l) = -\log q_l$ 以及 $I(x_k \mid y_l) = \log p(x_k \mid y_l)$, 则式(3.2.7)为

$$\begin{aligned} I(x_k; y_l) &= I(x_k) - I(x_k \mid y_l) \\ &= I(y_l) - I(y_l \mid x_k) \\ &= I(x_k) + I(y_l) - I(x_k, y_l) \end{aligned} \tag{3.2.8}$$

其中 $I(x_k, y_l) = -\log p(x_k, y_l)$, $I(x_k, y_l) \neq I(x_k; y_l)$。关于一

对事件与某事件的互信息

$$I(x_k;y_l,z_m)=\log\frac{p(x_k,y_l,z_m)}{p_k p(y_l,z_m)}$$
$$=I(x_k;y_l)+I(x_k;z_m|y_l)$$
$$=I(x_k;z_m)+I(x_k;y_l|z_m) \qquad (3.2.9)$$

对式(3.2.9)成立的理由是

$$I(x_k;y_l,z_m)=\log\frac{p(x_k,y_l,z_m)}{p_k p(y_l,z_m)}$$
$$=-\log p(x_k)-\log p(y_l,z_m)+\log p(x_k,y_l,z_m)$$
$$=-\log p(x_k)+\log p(x_k|y_l)-\log p(y_l,z_m)$$
$$\quad+\log p(x_k,y_l,z_m)-\log p(x_k|y_l)$$
$$=I(x_k;y_l)+\left\{-\log p(x_k|y_l)+\log\frac{p(x_k,y_l,z_m)}{p(y_l,z_m)}\right\}$$
$$=I(x_k;y_l)+I(x_k|y_l;z_m|y_l)$$
$$=I(x_k;y_l)+I(x_k;z_m|y_l)$$

特定事件与随机变量的互信息

特定事件 x_k 与随机变量 Y 的互信息 $I(X=x_k;Y)=I(x_k;Y)=\sum_{l=1}^{L}p(y_l\mid x_k)I(x_k;y_l)$，类似的有 $I(X;Y=y_l)=I(X;y_l)=\sum_{k=1}^{K}p(x_k\mid y_l)I(x_k;y_l)$。在此基础上定义随机变量 X、Y 之间的互信息 $I(X;Y)=\sum_{k=1}^{K}p_k I(x_k;Y)=\sum_{l=1}^{L}q_l I(X;y_l)=\sum_{l=1}^{L}\sum_{k=1}^{K}p(x_k,y_l)I(x_k;y_l)$；而 $I(X;Y,Z)=\sum_{k=1}^{K}p_k I(x_k;Y,Z)=\sum_{k=1}^{K}p_k\sum_{l=1}^{L}p(y_l,z_m\mid x_k)I(x_k;y_l,z_m)=\sum_{m=1}^{M}\sum_{l=1}^{L}\sum_{k=1}^{K}p(x_k,y_l,z_m)I(x_k;y_l,z_m)$。

互信息和熵的关系

① $I(X;Y)=H(X)-H(X|Y)=H(Y)-H(Y|X)=I(Y;X)=H(X)+H(Y)-H(X,Y)$；

②$I(X;Y,Z)=H(X)-H(X|(Y,Z))=H(Y,Z)-H((Y,Z)|X)=I(Y,Z;X)=H(X)+H(Y,Z)-H(X,Y,Z)$，另 $I(X;Y,Z)=I(X;Y)+I(X;Z|Y)=I(X;Z)+I(X;Y|Z)$；

③$I(X;Y|Z)=H(X|Z)-H(X|(Y,Z))=H(Y|Z)-H(Y|(X,Z))=H(X|Z)+H(Y|Z)-H((X,Y)|Z)=H(X,Z)+H(Y,Z)-H(X,Y,Z)+H(Z)$；

④$I(X;Y;Z)=I(X;Y)-I(X;Y|Z)=I(Y;Z)-I(Y;Z|X)=I(X;Z)-I(X;Z|Y)$；

⑤$I(U_1,U_2,\cdots,U_m;V_1,V_2,\cdots,V_n)=I(U_1,U_2,\cdots,U_m;V_n)+I(U_1,U_2,\cdots,U_m;V_{n-1}|V_n)+I(U_1,U_2,\cdots,U_m;V_{n-2}|V_nV_{n-1})+\cdots+I(U_1,U_2,\cdots,U_m;V_1|V_nV_{n-1}\cdots V_2)$。

证明： 关于 ①，由 $I(X;Y)-\sum\limits_{l=1}^{L}\sum\limits_{k=1}^{K}p(x_k,y_l)I(x_k;y_l)=\sum\limits_{l=1}^{L}\sum\limits_{k=1}^{K}p(x_k,y_l)\log\dfrac{p(x_k,y_l)}{p_kq_l}=H(X)+H(Y)-H(X,Y)$；

关于③，由 $I(X;Y|Z)=H(X,Z)+H(Y,Z)-H((X,Y)|Z)=H(X,Z)+H(Y,Z)-\{H(X,Y,Z)-H(Z)\}=H(X,Z)+H(Y,Z)-H(X,Y,Z)+H(Z)$。

其余请读者证明。

互信息的性质

①$0\leqslant I(X;Y)\leqslant\min\{H(X),H(Y)\}$；

②$I(X;Y)=\sum\limits_{l=1}^{L}\sum\limits_{k=1}^{K}p(x_k,y_l)\log\dfrac{p(x_k,y_l)}{p_kq_l}=\sum\limits_{l=1}^{L}\sum\limits_{k=1}^{K}p(x_k)p(y_l|x_k)\log\dfrac{p(y_l|x_k)}{q_l}$，记 $p=(p_1,p_2,\cdots,p_K)$，$P=(p(y_l|x_k))_{K\times L}$，则 $I(X;Y)$ 关于 p 上凸（事实上是线性），关于 P 下凸；

③信道 $(X,p(y|x),Y)$ 为无记忆信道，则对任意正整数 N，$I(X_N;Y_N)\leqslant\sum\limits_{n=1}^{N}I(X_n,Y_n)$；若信源无记忆，则 $I(X_N;Y_N)\geqslant\sum\limits_{n=1}^{N}I(X_n,Y_n)$。

证明：关于①，$I(X;Y)=H(X)-H(X|Y)\leqslant H(X)$，$I(X;Y)=H(Y)-H(Y|X)\leqslant H(Y)$

又 $I(X;Y)=H(X)-H(X|Y)\geqslant 0$。

关于②，只需证关于 P 下凸。即证 $I(X;Y)$ 关于 $p(y_l|x_k)$ 的二阶导数 Hessian 矩阵为正定的，$\dfrac{\partial I(X;Y)}{\partial p(y_l|x_k)}=p(x_k)\log\dfrac{p(y_l|x_k)}{q_l}+p(x_k)q(y_l)$，且 $\dfrac{\partial^2 I(X;Y)}{\partial^2 p(y_l|x_k)}=\dfrac{p(x_k)q(y_l)}{p(y_l|x_k)}$，而 $\dfrac{\partial^2 I(X;Y)}{\partial p(y_l|x_k)\partial p(y_j|x_t)}=0$，所以二阶导数 Hessian 矩阵为正定的。

关于③，首先列出

$$
\begin{aligned}
I(X_N;Y_N) &= \sum\cdots\sum\sum\cdots\sum p(x_{i_1},x_{i_2},\cdots,x_{i_N},y_{j_1},y_{j_2},\cdots,\\
&\quad y_{j_N})\log\frac{p(x_{i_1},x_{i_2},\cdots,x_{i_N},y_{j_1},y_{j_2},\cdots,y_{j_N})}{p(x_{i_1},x_{i_2},\cdots,x_{i_N})p(y_{j_1},y_{j_2},\cdots,y_{j_N})}\\
&= \sum\cdots\sum\sum\cdots\sum p(x_{i_1},x_{i_2},\cdots,x_{i_N},y_{j_1},y_{j_2},\cdots,\\
&\quad y_{j_N})\log\frac{p(y_{j_1},y_{j_2},\cdots,y_{j_N}\mid x_{i_1},x_{i_2},\cdots,x_{i_N})}{p(y_{j_1},y_{j_2},\cdots,y_{j_N})}\\
&= \sum\cdots\sum\sum\cdots\sum p(x_{i_1},x_{i_2},\cdots,x_{i_N},y_{j_1},y_{j_2},\cdots,\\
&\quad y_{j_N})\log\frac{p(y_{j_1}\mid x_{i_1})p(y_{j_2}\mid x_{i_2})\cdots p(y_{j_N}\mid x_{i_N})}{p(y_{j_1},y_{j_2},\cdots,y_{j_N})}
\end{aligned}
$$

上式最后一步利用的是信道的随机过程的无记忆性。

$$
\begin{aligned}
\sum_{n=1}^{N}I(X_n,Y_n) &= \sum\sum\sum p(x_{i_n},y_{j_n})\log\frac{p(y_{j_n}\mid x_{i_n})}{p(y_{j_n})}\\
&= \sum\cdots\sum\sum\cdots\sum p(x_{i_1},x_{i_2},\cdots,x_{i_N},y_{j_1},\\
&\quad y_{j_2},\cdots,y_{j_N})\sum\log\frac{p(y_{j_n}\mid x_{i_n})}{p(y_{j_n})}\\
&= \sum\cdots\sum\sum\cdots\sum p(x_{i_1},x_{i_2},\cdots,x_{i_N},y_{j_1},\\
&\quad y_{j_2},\cdots,y_{j_N})\log\frac{p(y_{j_1}\mid x_{i_1})\cdots p(y_{j_N}\mid x_{i_N})}{p(y_{j_1})\cdots p(y_{j_N})}
\end{aligned}
$$

由于 $p(y_{j_1},y_{j_2},\cdots,y_{j_N})\geqslant p(y_{j_1})\cdots p(y_{j_N})$，利用对数函数的单

调性知

$$I(X_N;Y_N) \leqslant \sum_{n=1}^{N} I(X_n,Y_n)$$

特别的,如果 Y_N 为无记忆过程,则有 $I(X_N;Y_N) = \sum_{n=1}^{N} I(X_n, Y_n)$;尤其当 X_N、Y_N 为独立同分布时,$I(X_N;Y_N) = N \cdot I(X_n,Y_n)$。

信道容量

将互信息 $I(X;Y) = I(p,P)$ 考虑为 p、P 的函数,p 为概率向量,P 为信道的转移概率矩阵,则定义信道容量为 $C = \max\limits_{\forall p} I(p,P)$;特别的,当信源为 N 长度的分组时定义的信道容量为 $C_N = \max\limits_{\forall p_N} I(p_N, P_N)$,这里 p_N 为分组的概率分布。极限信道容量是考虑分组长度极限下的信道容量分组比,$C_\infty = \lim\limits_{N \to \infty} \dfrac{C_N}{N}$。

信道容量的计算

假设输入的概率分布为 $(p_1, p_2, \cdots, p_K)$,考虑

$$I(p_1, p_2, \cdots, p_K) = \sum_{k=1}^{K} \sum_{l=1}^{L} p_k p(y_l \mid x_k) \log \frac{p(y_l \mid x_k)}{\sum\limits_{i=1}^{K} p_i p(y_l \mid x_i)}$$

$$(3.2.10)$$

的最大值,其中 $p(y_l \mid x_k), k = 1,2,\cdots,K; l = 1,2,\cdots,L$ 为固定量;使用拉格朗日乘子法,转而考虑下式

$$F(p_1, \cdots, p_K, \lambda) = I(p_1, p_2, \cdots, p_K) - \lambda \Big(\sum_{k=1}^{K} p_k - 1 \Big)$$

$$(3.2.11)$$

的最大化,令偏导数为 0,得到

$$0 = \frac{\partial F}{\partial p_k} = \sum_{l=1}^{L} p(y_l \mid x_k) \log \frac{p(y_l \mid x_k)}{\sum\limits_{i=1}^{K} p_i p(y_l \mid x_i)} +$$

$$\sum_{k=1}^{K} \sum_{l=1}^{L} p_k p(y_l \mid x_k) \frac{\sum\limits_{i=1}^{K} p_i p(y_l \mid x_i)}{p(y_l \mid x_k)} \cdot$$

$$\left[-\frac{p(y_l\mid x_k)}{\left(\sum_{i=1}^{K}p_ip(y_l\mid x_i)\right)^2}\right]p(y_l\mid x_k)\log e-\lambda \quad (3.2.12)$$

$$0=\frac{\partial F}{\partial \lambda}=\sum_{k=1}^{K}p_k-1 \quad (3.2.13)$$

进一步由式(3.2.12)得到

$$\sum_{l=1}^{L}p(y_l\mid x_k)\log\frac{p(y_l\mid x_k)}{\sum_{i=1}^{K}p_ip(y_l\mid x_i)}-\sum_{k=1}^{K}\sum_{l=1}^{L}p_kp(y_l\mid x_k)\cdot$$

$$\frac{p(y_l\mid x_k)}{\left(\sum_{i=1}^{K}p_ip(y_l\mid x_i)\right)}\log e-\lambda=0$$

得到 $\sum_{l=1}^{L}p(y_l\mid x_k)\log\dfrac{p(y_l\mid x_k)}{\sum_{i=1}^{K}p_ip(y_l\mid x_i)}-\sum_{l=1}^{L}p(y_l\mid x_k)\log e-\lambda=$

0,即

$$\sum_{l=1}^{L}p(y_l\mid x_k)\log\frac{p(y_l\mid x_k)}{\sum_{i=1}^{K}p_ip(y_l\mid x_i)}=\log e+\lambda=C \quad (3.2.14)$$

又离散平稳无记忆信道的分组编码容量极限是定值,即 $C_\infty=\lim\limits_{N\to\infty}\dfrac{C_N}{N}=\lim\limits_{N\to\infty}\dfrac{NC}{N}=C$。

例 3.2.2 计算例 3.2.1 的 BSC 信道的容量。

解:设转移概率矩阵 $P=\begin{vmatrix}\bar{p} & p \\ p & \bar{p}\end{vmatrix}$,

$$I(p_1,p_2)=p_1\bar{p}\log\frac{\bar{p}}{p_1\bar{p}+p_2p}+p_1p\log\frac{p}{p_1p+p_2\bar{p}}+$$

$$p_2p\log\frac{p}{p_1\bar{p}+p_2p}+p_2\bar{p}\log\frac{\bar{p}}{p_1p+p_2\bar{p}}$$

令 $0=\dfrac{\partial I(p_1,p_2)}{\partial p_1}$，$0=\dfrac{\partial I(p_1,p_2)}{\partial p_2}$，得到 $\begin{cases} p_1=1/2 \\ p_2=1/2 \end{cases}$。

信道编码定理

首先给出信道编码的渐近等割性。设 $\boldsymbol{X}$ 为离散平稳无记忆信源，$(\boldsymbol{X},p(y|x),\boldsymbol{Y})$ 为离散平稳无记忆信道，即 $p(x,y)=p(x_{i_1},x_{i_2},\cdots x_{i_N},y_{j_1},y_{j_2},\cdots,y_{j_N})=\prod\limits_{k=1}^{N}p(x_{i_k},y_{i_k})$。定义联合 ε 典型序列，对于 $\forall\varepsilon>0$，当 N 充分大时，有

$$\left|\frac{I(x)}{N}-H(x)\right|<\varepsilon,\ \left|\frac{I(y)}{N}-H(y)\right|<\varepsilon,$$

$$\left|\frac{I(x,y)}{N}-H(x,y)\right|<\varepsilon$$

其中 $I(x)=-\log p(x)$，$I(y)=-\log p(y)$，$I(x,y)=\log p(x,y)$ 为自信息，则称 (x,y) 为联合 ε 典型序列，所组成的联合 ε 典型集为 $G_{\varepsilon N}$。记非 ε 典型序列集 $\overline{G}_{\varepsilon N}$，则 $G_{\varepsilon N}\bigcup\overline{G}_{\varepsilon N}=A_x^N\times A_y^N$，$||G_{\varepsilon N}||+||\overline{G}_{\varepsilon N}||=K^N\times L^N$。

定理 3.2.1 对离散平稳无记忆信道 $(\boldsymbol{X},p(y|x),\boldsymbol{Y})$，对 $\forall\varepsilon>0$，$\delta>0$，当 N 充分大时，则

①$P(G_{\varepsilon N})>1-\delta$，$P(\overline{G}_{\varepsilon N})\leqslant\delta$；

②若 $(x,y)=(x_{i_1},\cdots,x_{i_N},y_{i_1},\cdots,y_{i_N})\in G_{\varepsilon N}$，则 $2^{-N(H(X,Y)+\varepsilon)}<p(x,y)<2^{-N(H(X,Y)-\varepsilon)}$；

③$(1-\delta)2^{N(H(X,Y)-\varepsilon)}\leqslant||G_{\varepsilon N}||\leqslant2^{N(H(X,Y)+\varepsilon)}$；

④$(1-\delta)2^{-N(I(X,Y)+\varepsilon)}\leqslant p(G_{\varepsilon N})\leqslant2^{-N(I(X;Y)-3\varepsilon)}$。

证明： 由

$$\left|\frac{I(x,y)}{N}-H(x,y)\right|=\left|\frac{1}{N}\sum_j\log p(x_{i_j},y_{i_j})-H(x,y)\right|$$

$$=\left|\sum_l^L\sum_k^K\frac{Num(x_k,y_l)}{N}\log p(x_k,y_l)-\sum_l^L\sum_k^K p(x_k,y_l)\log p(x_k,y_l)\right|$$

$$= \left| \sum_{l}^{L} \sum_{k}^{K} \left(\frac{Num(x_k, y_l)}{N} - p(x_k, y_l) \right) \log p(x_k, y_l) \right|$$

根据大数定律，对 $\forall \varepsilon > 0$，$\delta > 0$，当 N 充分大时，$\left| \frac{I(x,y)}{N} - H(x,y) \right| < \varepsilon \bigg($ 同时也可以满足 $\left| \frac{I(x)}{N} - H(x) \right| < \varepsilon$，$\left| \frac{I(y)}{N} - H(y) \right| < \varepsilon \bigg)$ 且 $P(G_{\varepsilon N}) > 1 - \delta$，得到 $P(\overline{G_{\varepsilon N}}) \leqslant \delta$，得到①。

将 $\left| \frac{I(x,y)}{N} - H(x,y) \right| < \varepsilon$ 展开即可得到②。

结论②说明，当 ε 充分小（N 充分大时），集合 $G_{\varepsilon N}$ 中各点是几乎等概率分布的，由点概率的总和，得到 $P(G_{\varepsilon N}) = ||G_{\varepsilon N}|| \cdot p(x,y) > 1 - \delta$，于是得到 $||G_{\varepsilon N}|| > (1-\delta) \cdot \frac{1}{p(x,y)} \geqslant (1-\delta) 2^{N(H(X,Y)-\varepsilon)}$，

又 $P(G_{\varepsilon N}) = ||G_{\varepsilon N}|| \cdot p(x,y) \leqslant 1$，得到 $||G_{\varepsilon N}|| \leqslant \frac{1}{p(x,y)} \leqslant 2^{N(H(X,Y)+\varepsilon)}$，得到③。

由②得到
$$2^{-N(H(X,Y)+\varepsilon)} < p(x,y) < 2^{-N(H(X,Y)-\varepsilon)},$$
$$2^{-N(H(X)+\varepsilon)} < p(x) < 2^{-N(H(X)-\varepsilon)},$$
$$2^{-N(H(Y)+\varepsilon)} < p(y) < 2^{-N(H(Y)-\varepsilon)}$$

得到 $2^{-N(H(X)+H(Y)+2\varepsilon)} \leqslant p(x) p(y) \leqslant p(x,y) \leqslant 2^{-N(H(X)+H(Y)-2\varepsilon)}$

又 $p(G_{\varepsilon N}) = p(x,y) ||G_{\varepsilon N}||$，得到④，证毕。

信道解码的若干概念

输入信源序列为长度 k 的符号串 $(s_1, s_2, \cdots, s_k)$，每个符号取自于码元集合 $\{c_1, c_2, \cdots, c_D\}$（$D$ 进制编码），经过信道编码后 $(s_1, s_2, \cdots, s_k)$ 变成码字 $(\widetilde{s}_1, \widetilde{s}_2, \cdots, \widetilde{s}_N)$，其中 $N \geqslant k$，信道编码后码字长度由 k 增加到 N。我们将待编码的输入序列称为信源点，对应的编码码字称为码字点。由输入信源长度 k 知道信源点的总数是 D^k，而码字长度为 N，则码字点总数为 D^N，称码字点全体为码集。信道编码解码的基本要求自然是由信源点集合到码集的一一对应，这是无误可译

的基本要求。而信道编码的思想在于将输入信源点对应到码字点是"稀疏"映入的,而信道编码之所以能起"检错、纠错"的作用,乃在于码字点在传输中发生噪声干扰而表现为"偏离"原来的位置,则因位置偏离而能检错,因位置偏离在一定范围内而能够纠错。

将码集(元素数目为 D^N)分割成 D^k 个子集,$S_1,S_2,\cdots,S_{D^k}$,这些子集组成码集的"交空全并",即满足 $S_i \bigcap S_j = \phi$ 且 $\bigcup_{i=1}^{D^k} S_i$ 为码集。事实上,任何信道编码方法便是通过算法选定诸 S_i 中一个码字作为信源点对应的码字点,而 S_i 可以理解为以该码字点为中心的一个邻域。而译码正是以"搜离码字最近的码字点"的思路为依据的。后面一节讨论线性编码时讨论译码的最小距离准则,它和最小平均译码差错概率以及极大似然译码等准则都是等价的。图 3.2.2 示意了这种编码设计思路。

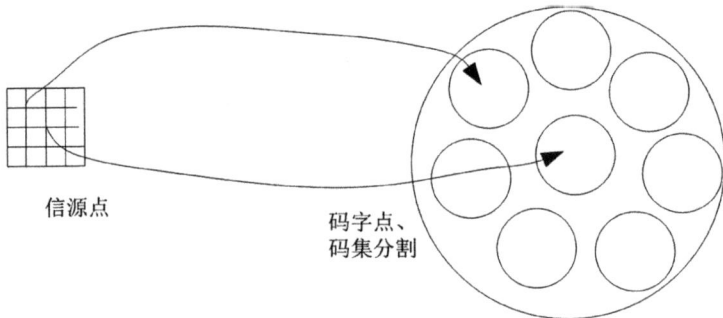

信源点

码字点、码集分割

图 3.2.2　信道编码的设计思路

定理 3.2.2　对离散平稳无记忆信道$(\boldsymbol{X},p(y|x),\boldsymbol{Y})$,其传输率为 $\dfrac{k}{N}=R$,信道容量为 C,则当 $R<C$ 时,对 $\forall \varepsilon >0$ 必存在长度 N 的信道编码使得译码差错概率 $P_\varepsilon <\varepsilon$。

证明:码字点经过信道噪声干扰后,可能变为非 ε 典型序列,或者仍是 ε 典型序列,但落入不是该码字点对应的邻域内,这个总的概率 $P=P(\overline{G_{\varepsilon N}})+(2^k-1)2^{-N(C-3\varepsilon)} \to 0$。证毕。

这个定理说明当 N 充分大时,只要传输率低于信道容量时,基本无差错编码总会存在。

第三节 信道编码

如上节,假设信源点矢量为 $\vec{c}$(k 维矢量)、码字点矢量为 $\vec{s}$(N 维矢量),经过网络传输干扰后的码字为 $\hat{\vec{s}}$,于是译码的贝叶斯形式为

$$P(\vec{s}\,|\,\hat{\vec{s}}) = \frac{P(\hat{\vec{s}}\,|\,\vec{s})P(\vec{s})}{P(\hat{\vec{s}})}$$

,如果不考虑 $\vec{s}$ 的先验分布,$P(\vec{s}\,|\,\hat{\vec{s}})$ 主要取决于 $P(\hat{\vec{s}}\,|\,\vec{s})$,即码字点 $\vec{s}$ 是所有码字里最有可能"偏离"成 $\hat{\vec{s}}$ 的点,这也可以理解为 $\vec{s}$ 为距离 $\hat{\vec{s}}$ 最近的码字点,这就是最大似然译码。下面从重复码这个最简单的编码分析纠错能力、冗余率和编解码复杂性等概念。

考虑 BSC 信道 $P = \begin{bmatrix} \bar{p} & p \\ p & \bar{p} \end{bmatrix}$,$\bar{p} = 1 - p$,传输错误概率 $p < 1/2$($p > 1/2$ 可以,但不能等于 $1/2$,想一想,为什么?),则使用重复编码方式总是可以获得几乎无差错编码。以 $2n+1$ 次重复码为例,即每发送一个 0/1 符号进行 $2n+1$ 次重复发送;显然,译码时根据收到的 $2n+1$ 个符号里以占多数的符号作为译码结果(因为总数 $2n+1$ 为奇数,总是可以获得译码结果),则译码出错概率为

$$P_e = \binom{2n+1}{n+1} p^{n+1} (1-p)^n + \cdots + \binom{2n+1}{2n+1} p^0 (1-p)^{2n+1}$$

$$(3.3.1)$$

即当出错位数为半数以上(出错 $n+1$ 位及以上)时按照多数译码会出错。出错时计算平均出错位数(数学期望)为

$$E_e = \binom{2n+1}{n+1} p^{n+1} (1-p)^n (n+1) + \cdots +$$

$$\binom{2n+1}{2n+1} p^0 (1-p)^{2n+1} (2n+1)$$

$$= (2n+1)p \left[\binom{2n}{n} p^n (1-p)^n + \cdots + \binom{2n}{2n} p^0 (1-p)^{2n} \right]$$

$$< (2n+1)p < n + \frac{1}{2} < n + 1 \tag{3.3.2}$$

式(3.3.2)说明平均出错位数不足一半,因此几乎不会构成译码错误。

汉明距离

以 $A=\{0,1\}$ 作码元集,笛卡尔积 $C \subset A^n$ 的子集 C 为码集,$c \in C$ 为码字,$|C|=M$,称 C 为 (n,M) 码,信息率 $=\dfrac{\log M}{n}$。定义汉明距离,对 x、$y \in C$,汉明距离 $d(x,y)$:x 和 y 的分量不同的位置的数目。例如,$x=10110$,$y=00111$,$d(x,y)=2$。A^n 上的汉明距离 $d:A^n \times A^n \to N$ 满足:

①$d(x,y) \geqslant 0$ 且 $d(x,y)=0 \Leftrightarrow x=y$;

②$d(x,y)=d(y,x)$;

③$d(x,y) \leqslant d(z,x)+d(z,y)$;

即 (A^n,d) 为一个测度空间。

极小距离译码

在 A^n 中引入邻域的概念,对 $x \in A^n$,$|A|=2$,$r \geqslant 0$,则 x 的半径为 r 的邻域 $S_2(x,r)$,而 $S_2(x,r)=\{y \in A^n | d(x,y) \leqslant r\}$。令 $C \subset A^n$,如果存在 $r \geqslant 0$,使得所有 $c \in C$ 的半径为 r 的球 $S_2(c,r)$ 互不相交且覆盖 A^n,则称 C 为完全的。如果存在 $r \geqslant 0$,使得所有 $c \in C$ 的半径为 r 的球 $S_2(c,r)$ 互不相交,而所有半径为 $r+1$ 的球 $S_2(c,r+1)$ 覆盖 A^n,则称 C 为拟完全的。

一个码集 C 的极小距离 $d(C)=\min_{c,d \in c} d(c,d)$,一个 (n,M,d) 码是指极小距离为 d 的 (n,M) 码。如果码集 C 的任何一个码字在传输中发生至少一个、至多 t 个差错变成一个非码字,那么称该码为 t 检错码;如果它是一个 t 检错码,但不是一个 $t+1$ 检错码,则称其为严格 t 检错码。

定理 3.3.1 码 C 是严格的 t 检错码当且仅当 $d(C)=t+1$。

证明:必要性。根据 C 是 t 检错码,即至多错 t 位变成非码字,所

以 $d(C)>t$；又 C 不是 $t+1$ 检错码码，所以错 $t+1$ 位可能从原先的码字变成另外一个码字，所以 $d(C)\leqslant t+1$，所以 $d(C)=t+1$。

充分性。因为 $d(C)=t+1$，所以 C 不是 $t+1$ 检错码码，但错 t 位可变成非码字，所以是 t 检错码。

所谓极小距离译码法，就是将错误码字译成与其汉明距离最近的码字。译码跟纠错的概念紧密相关。码 C 为 t 纠错码，则按照最小距离译码法，可以纠正任何大小为 t 或小于 t 位的差错；码 C 为严格 t 纠错码，则 C 为 t 纠错码，但不是 $t+1$ 纠错码（即任何大小为 t 的差错可纠正，但至少有一个 $t+1$ 的差错不能被译码）。

定理 3.3.2　码 C 是严格的 t 纠错码当且仅当 $d(C)=2t+1$ 或 $2t+2$。

证明：必要性。码 C 是严格的 t 纠错码，则 $d(C)\leqslant 2t$ 不可能。否则，差错 t 位是无法纠正的，不符合最近距离原则，于是 $d(C)>2t$。但 $d(C)\geqslant 2t+3$ 也不可能，因为差错 $t+1(<t+2)$ 也是可以纠正了。综上所述，$d(C)=2t+1$ 或 $2t+2$。

充分性。当 $d(C)=2t+1$ 或 $2t+2$，由 $t<t+1$ 或 $t<t+2$，可知可纠 t 位出错；又 $t+1>t$ 或 $t+1=t+1$，所以不能依据最近距离原则纠 $t+1$ 位出错。

推论 3.3.2.1　$d(C)=d \Leftrightarrow C$ 为严格的 $\left\lfloor \dfrac{d-1}{2} \right\rfloor$ 纠错码，其中 $\left\lfloor \dfrac{d-1}{2} \right\rfloor$ 表示小于 $\dfrac{d-1}{2}$ 的最大整数。

例 3.3.1　二元 $(5,4)$ 码 $C=\{10010,01001,10101,01110\}$。则该码的信息率为 $R=\dfrac{\log_2 4}{5}=0.4$，极小距离为 3。因此可以检测出 2 位差错，可以纠正 1 位差错。假如收到 (10110)，由于该码与 (10010) 之间的汉明距离最小，因此按照最小距离译码准则，该码译成 (10010)。

例 3.3.2　长度为 n 的 q 元重复码形式为 $C=\{\overbrace{00\cdots 0}^{n}\quad \overbrace{11\cdots 1}^{n}\quad \cdots$

$$\overbrace{(q-1)(q-1)\cdots(q-1)}^{n}\}。它的信息率为 R=\frac{\log_q q}{n}=1/n，它是 n-1$$

检错码，是严格 $\left\lfloor\dfrac{n-1}{2}\right\rfloor$ 纠错码。

等价码 两个 q 元 (n,M) 码 C_1 和 C_2，如果存在置换 σ，以及字符表置换 $\Pi_1,\Pi_2,\cdots,\Pi_n$，使得 $c_1 c_2\cdots c_n\in C_1\Leftrightarrow \Pi_1(c_{\sigma(1)})\Pi_2(c_{\sigma(2)})\cdots\Pi_n(c_{\sigma(n)})\in C_2$，则称 C_1 和 C_2 是等价的。

系统码 q 元 (n,M) 码有 M 个码字，至多可以编 M 个消息。编码方案是信源到码字的编排方案，译码方案是指码字到信源的编排方案。如果存在 k 个位置 $i_1,i_2,\cdots,i_k$，使得当把码字局限在这些位置上时正好得到 q^k 个长度为 k 的 q 元信源点，则 q 元 (n,q^k) 码为系统码。$\{i_1,i_2,\cdots,i_k\}$ 称为信息集，码字符号被称为信息符号。

例 3.3.3 考虑二元码 $C=\{0000,0110,1001,1010\}$，信息集 $\{1,3\}$，源集 $\{00,01,10,11\}$ 编码如下：

$00\rightarrow0000,01\rightarrow0110,10\rightarrow1001,11\rightarrow1010$，以上为系统编码方案。

例 3.3.4 $C=\{000,100,010,001\}$ 不是系统码。

总结，本节主要介绍了信道编码的一些基本概念，并且点出信息率、纠错能力和高效编码方案的主要编码设计因素。

第四节 线性码

码元表 A 选作一个有限域，例如 $A=F_q(q=p^m)$。其中 $F_p(p$ 为素数$)$ 为常见的素数域，特别的在本书中只考虑最简素数域 $F_2=\{0,1\}$，其中加法、乘法运算规定见表 3.4.1。

表 3.4.1 有限域 $F_2=\{0,1\}$ 的运算规则

加法	0	1	乘法	0	1
0	0	1	0	0	0
1	1	0	1	0	1

于是 $A^n = F_q^n$ 可以看成是 F_q 上的 n 维线性空间,用 $V(n,q)$ 表示 F_q^n 并把 $x = (x_1, x_2, \cdots, x_n) = x_1 x_2 \cdots x_n$。

线性码 定义 $L \subset V(n,q)$,L 是线性子空间,则 L 为线性码。$\dim(L) = k$,称 L 为 $[n,k]$ 线性码。如 L 的极小距离为 d,称 L 为 $[n,k,d]$ 线性码。q 元 $[n,k]$ 线性码大小和信息率分别为 $M = q^k$,$R = k/n$,线性码一定包含码字 $0 = 00 \cdots 0$。

极小质量 定义 $x \in V(n,q)$,x 的质量为 x 中不为 0 的位置的数目,一个码 C 的极小质量 $w(C) = \min\limits_{0 \neq x \in C} w(x)$。对 x、$y \in V(n,q)$,$w(x) = d(x,0)$,$d(x,y) = w(x-y)$,对于 (n,M) 码找极小距离需要计算 $\binom{M}{2}$ 个汉明距离,而对于线性码只要计算 $M-1$ 个汉明距离。

定理 3.4.1 对于线性码 L,有 $d(L) = w(L)$。

证明:$d(L) = \min\limits_{\forall x \neq y \in L} d(x,y) = \min\limits_{\forall x \neq y \in L} w(x-y) = w(L)$。

生成矩阵 定义线性码 $L[n,k]$,G 为 $k \times n$ 矩阵,如果 G 的行向量正好构成 L 的一组基,则称 G 为 L 的生成矩阵,记作 $L = \{xG \mid x \in V(k,q)\}$。

例 3.4.1 二元线性码 L,其生成矩阵 $G = \begin{bmatrix} 1 & 1 & 0 & 0 \\ 0 & 1 & 1 & 1 \\ 1 & 0 & 1 & 0 \end{bmatrix}$,则对 $V(3,2)$ 中向量的源信息:$(x_1, x_2, x_3) \in V(3,2)$,$(x_1, x_2, x_3) \begin{bmatrix} 1 & 1 & 0 & 0 \\ 0 & 1 & 1 & 1 \\ 1 & 0 & 1 & 0 \end{bmatrix} = (x_1+x_3, x_1+x_2, x_2+x_3, x_2)$。

定理 3.4.2 L 为 $[n,k]$ 线性码,对任意选定的 k 个坐标位置,都一定存在这 k 个位置的系统码和 L 等价。

证明:令生成矩阵行等价于这样的矩阵:在选定的 k 列组成 $k \times k$ 单位矩阵。

定义生成矩阵 $G = (I_k, A)$,其中 I_k 为 k 阶单位阵,则称其为标准形式的生成矩阵;任何一个线性码都具有标准形式的生成矩阵,当一

个线性码的 $k \times n$ 阶生成矩阵具有标准形式时,一定是前 k 个位置的系统码。

例 3.4.2 码 H 的生成矩阵为 $G = \begin{bmatrix} 1 & 0 & 0 & 0 & 0 & 1 & 1 \\ 0 & 1 & 0 & 0 & 1 & 0 & 1 \\ 0 & 0 & 1 & 0 & 1 & 1 & 0 \\ 0 & 0 & 0 & 1 & 1 & 1 & 1 \end{bmatrix}$ 对

应 $x = (x_1, x_2, x_3, x_4)$,$xG = (x_1, x_2, x_3, x_4, x_2 + x_3 + x_4, x_1 + x_3 + x_4, x_1 + x_2 + x_4)$,此为 $H_2(3)$ 汉明码。

对偶码 L 为 $[n,k]$ 线性码,则 $L^{\perp} = \{x \in V(n,q) \,|\, \langle x, y \rangle = 0, \forall y \in L\}$ 称为 L 的对偶码。

定理 3.4.3 设 L 为 $[n,k]$ 线性码,如果 G 为 L 的生成矩阵,则:

① $L^{\perp} = \{x \in V(n,q) \,|\, xG^{\mathrm{T}} = 0\}$;

② $L^{\perp}$ 为 $[n, n-k]$ 线性码;

③ $L^{\perp\perp} = L$。

证明:根据对偶定义 $\langle x, y \rangle = 0$,$\forall y \in L$ 有 $x(y_0 G)^{\mathrm{T}} = 0$,即 $xG^{\mathrm{T}} y_0^{\mathrm{T}} = 0$,其中 $y_0 \in V(k,q)$,特别的,令 $y_0 = xG^{\mathrm{T}}$,于是 $xG^{\mathrm{T}}(xG^{\mathrm{T}})^{\mathrm{T}} = 0$,得到 $xG^{\mathrm{T}} = 0$。

由 $xG^{\mathrm{T}} = 0$ 且 $R(G) = k$,于是 x 的解集的维度为 $n-k$,则 $L^{\perp}$ 为 $[n, n-k]$ 线性码。

首先 $L^{\perp\perp} \supseteq L$ 且 $\dim(L) = \dim(L^{\perp\perp})$,得到 $L^{\perp\perp} = L$。

在线性代数里知 $\dim(L^{\perp}) = \dim(L)$ 会发生,但 $L^{\perp} \neq L$。可是在线性码里,由于线性空间的数域是有限域,所以会有 $L^{\perp} = L$ 这样的事情发生。当 $L^{\perp} = L$ 时称线性码 L 为自对偶码。此时 $L^{\perp} \cap L \neq \{0\}$,但 $\dim(L) + \dim(L^{\perp}) = n$ 依旧保留。

例 3.4.3 二元 $[4,2]$ 线性码 $L = \{0000, 1100, 0011, 1111\}$,可以验证 $L^{\perp} \supseteq L$ 而 $L^{\perp}$ 也是 $[4,2]$ 线性码,所以 $L^{\perp} = L$。

校验矩阵 H 为 L 的对偶码 $L^{\perp}$ 的生成矩阵,则 $x \in L \Leftrightarrow xH^{\mathrm{T}} = 0$。称 H 为线性码 L 的校验矩阵,如果 $H = (h_{ij})_{1 \leqslant i \leqslant n-k, 1 \leqslant j \leqslant n}$,$x = (x_1, x_2, \cdots, x_n)$,则 $xH^{\mathrm{T}} = 0$ 可写成

$$\begin{cases} h_{11}x_1 + h_{12}x_2 + \cdots + h_{1n}x_n = 0 \\ h_{21}x_1 + h_{22}x_2 + \cdots + h_{2n}x_n = 0 \\ \qquad \cdots\cdots \\ h_{n-k1}x_1 + h_{n-k2}x_2 + \cdots + h_{n-kn}x_n = 0 \end{cases} \tag{3.4.1}$$

方程(3.4.1)为 L 的校验方程。

L 的生成矩阵 $G=(I_k, A)_{k\times n}$，令 $H=(A^T, I_{n-k})_{n\times(n-k)}$，则 $GH^T = (I_k, A)\begin{pmatrix} A \\ I_{n-k} \end{pmatrix} = A + A = 0$。可见矩阵 H 的行与 G 的行正交，$\mathrm{rank}(H) = n-k = \dim(L^\perp)$，$H$ 为 $L^\perp$ 的生成矩阵，也是 L 的校验矩阵。且具 $(B\ I_m)$ 的形式称为校验矩阵的基本形式。

例 3.4.4　接例 3.4.2，汉明码 $H_2(3)$ 的生成矩阵是标准形式，于是汉明码 $H_2(3)$ 的校验矩阵为 $H=\begin{bmatrix} 0 & 1 & 1 & 1 & 1 & 0 & 0 \\ 1 & 0 & 1 & 1 & 0 & 1 & 0 \\ 0 & 1 & 0 & 1 & 0 & 0 & 1 \end{bmatrix}$，因此校验方程为 $\begin{cases} x_2 + x_3 + x_4 + x_5 = 0 \\ x_1 + x_3 + x_4 + x_6 = 0 \\ x_1 + x_2 + x_4 + x_7 = 0 \end{cases}$。

例 3.4.5　奇偶校验。设 $q=2$ 对二元消息 $(a_1, a_2, \cdots, a_k)$ 定义编码方案为 $(a_1, a_2, \cdots, a_k) \rightarrow (a_1, a_2, \cdots, a_k, a_{k+1})$，$a_{k+1} = \begin{cases} 0, & \sum\limits_{i=1}^{k} a_i = 0 \\ 1, & \sum\limits_{i=1}^{k} a_i = 1 \end{cases}$ 或者 $a_{k+1} + \sum\limits_{i=1}^{k} a_i = 0$，令 $n = k+1$，二元 $[n, n-1]$ 码，标准校验矩阵为 $H = [1\ 1\ \cdots\ 1]_{1 \times n}$，生成矩阵为 $\begin{bmatrix} 1 & \cdots & 0 & 1 \\ 0 & \cdots & 0 & \cdots \\ 0 & \cdots & 1 & 1 \end{bmatrix}$。

例 3.4.6　重复码 $a \in F_q$，定义 $a \rightarrow \underbrace{a\cdots a}_{n}$ 为 $[n, 1]$ 线性码，$H=$

$$\begin{bmatrix} -1 & 1 & \cdots & 0 \\ -1 & 0 & \cdots & 0 \\ \cdots & \cdots & \cdots & \cdots \\ -1 & 0 & \cdots & 1 \end{bmatrix}, 生成矩阵为 [\underbrace{1 \cdots 1}_{n}]。$$

至此,我们介绍了线性码里的生成矩阵、校验矩阵的概念。那么自然的一个问题,如何从生成矩阵直接得到线性码的极小质量(或极小距离)呢?因为极小质量涉及该码的纠错能力、检错能力等最基本的东西。因为是线性码,L 的极小距离取决于 L 的质量,但目前从生成矩阵看不出,只有从校验矩阵来看。

定理 3.4.4 设 L 为 $[n,k]$ 线性码,校验矩阵为 H,那么 L 的极小距离为 d,当且仅当在 H 中存在 d 列线性相关,但任意的 $d-1$ 列线性无关。

证明:必要性。存在质量为 d 的码 c 使得 $cH^{\mathrm{T}}=0$,即 H 有 d 列线性相关。如果还有 $d-1$ 列线性相关,则意味着存在质量小于 d 的码,这是与极小质量为 d 矛盾的。所以 H 中存在 d 列线性相关,但任意 $d-1$ 列线性无关。

充分性。H 中存在 d 列线性相关,则意味着码的极小质量小于或等于 d;又 H 中任意 $d-1$ 列线性无关,则意味着码的极小质量大于 $d-1$,所以码的极小质量为 d。

从定理 3.4.4 知,从码的校验矩阵分析码的极小质量并不是非常直接的,而从码的生成矩阵是否能够分析出码的极小质量,目前尚未可知。

校验子 设 L 为 $[n,k]$ 线性码,校验矩阵为 H,对任意 $x \in V(n,q)$,xH^{T} 称为 x 的校验子,用 $s(x)$ 表示。校验子可以用于简化译码。

令 C 为一个 q 元 $[n,k]$,则 C 为向量空间 $V(n,q)$ 的线性子空间。定义商空间:$V(n,q)/C=\{a+C \mid a \in V(n,q)\}$,其中 $a+C$ 表示集合 $\{a+C \mid c \in C\}$,$a+C$ 称作 C 的陪集,每个陪集含有 q^k 个元素,且陪集间不相交(如 $x+C=y+C \Leftrightarrow x-y \in C$)。商空间 $V(n,q)/C$ 也是一个向量空间。

定理 3.4.5 设 C 是 q 元 $[n,k]$ 线性码，H 为校验码，那么 $V(n,q)$ 中两个向量 x 和 y 属于 C 的同一个陪集，当且仅当它们的校验子相同，即 $xH^T=yH^T$。

证明：$V(n,q)$ 中 x,y 属于 C 的同一个陪集，当且仅当 $x-y\in C$，因此 $(x-y)H^T=0$。

关于 q 元 $[n,k]$ 线性码译码，当接收 $x\in V(n,q)$，把 x 译成 C 的信源点，则是使得 $a=x-c$ 的质量最小（极小距离译码原则）。即 a 是陪集 $x+C$ 中质量最小的向量，是与 x 具相同校验子的向量中质量最小的点。构造一张如下的译码表：

$$
\begin{array}{ccccc}
0 & c_1 & c_2 & \cdots & c_m \\
a_1 & c_1+a_1 & c_2+a_1 & \cdots & c_m+a_1 \\
a_2 & c_1+a_2 & c_2+a_2 & \cdots & c_m+a_2 \\
\cdots & \cdots & \cdots & & \cdots \\
a_s & c_1+a_s & c_2+a_s & \cdots & c_m+a_s
\end{array}
$$

上面译码表里每行是一个陪集，首列是陪集头。x 落在表中哪一列？c_j 列，就译成 c_j，x 所在的行首就是陪集头。

译码的有效性 设接收 $x=c+e$，其中 e 为差错，于是 $xH^T=(c+e)H^T=cH^T+eH^T=eH^T$。如果 e 是陪集头，则 x 译作 c；如果 e 不是陪集头，即 $e=c'+a_i$，x 与 e 同一行，于是 $x=c+e=c+c'+a_i$，此时 x 译成 $c+c'$，译码出错！

定理 3.4.6 如线性码 C 的极小距离是 d，那么 $V(n,q)$ 中重量不超过 $t=\lfloor\frac{d-1}{2}\rfloor$ 的字为某一陪集的陪集头。

证明： 假设不然。某陪集里有 x、y，它们的质量不超过 t，则 $x-y\leq2t\leq d-1$，这与 C 的极小距离为 d 矛盾。

定理 3.4.6 的意义是使用校验子译码，可只维护陪集头（即所有不超过 t 的码字）及其校验子，从而避免维护整个表。译码时只要 x 减去陪集头（与其有相同校验子）即得到信源点。

例 3.4.7 设 L 为二元 $[4,2]$ 线性码，生成矩阵 $G=\begin{bmatrix}1&1&0&1\\0&1&0&0\end{bmatrix}$，

则 L 的陪集如下：

$$0000+L=\{0000,0100,1101,1001\}$$
$$1000+L=\{1000,1100,0101,0001\}$$
$$0010+L=\{0010,0110,1111,1011\}$$
$$1010+L=\{1010,1110,0111,0011\}$$

译码表如下：

0000 0100 1101 1001

1000 1100 0101 0001

0010 0110 1111 1011

1010 1110 0111 0011

收到 $x=1110$，出现于译码表的第四行第二列，译成 0100。使用校验子译码，则 G 的标准形为 $G=\begin{bmatrix}1&0&0&1\\0&1&0&0\end{bmatrix}$，其校验矩阵为 $H=\begin{bmatrix}0&0&1&0\\1&0&0&1\end{bmatrix}$，则陪集头和校验子如下：

$$0000\quad00$$
$$1000\quad01$$
$$0010\quad10$$
$$1010\quad11$$

首列为陪集头，第二列为校验子。接收 $x=1110$，它的校验子为 11，则译成 $x+1010=1110+1010=0100$。

以陪集头和校验子组合替代译码表可以大大节约存储。但是在大型线性码中寻找极小质量的陪集头的计算量很大，例如对二元 $[50,20]$ 线性码，$|C|=2^{20}$，$|V(n,2)|=2^{50}$，陪集头的数目为 $2^{30}=2^{50}/2^{20}$。

第五节　汉明码和循环码

汉明码　构造一类特殊的线性码——汉明码。根据原理：C 为 $[n,k]$ 线性码，极小距离为 d，等价于其校验矩阵中存在 d 列线性相关，但任意 $d-1$ 列线性无关。特别的，$[n,k,3]$ 线性码的校验矩阵任意两列线性无关,而存在 3 列线性相关(该线性码的极小距离为 3)。构造该码的校验矩阵,并使得列数尽可能地多。r 是预定的正整数(r 与 n、k 的关系是 $n-r=k$),H 是 $r×n$ 级矩阵,构造 H 的列向量即是 r 维的。

首先在 $V_1=V(r,q)$ 里选非 0 向量 c_1,$V_2=V_1-\{\alpha c_1\,|\,0\neq\alpha\in F_q\}$;选 $0\neq c_2\in V_2$,$V_3=V_2-\{\alpha c_2\,|\,0\neq\alpha\in F_q\}$;……直到所有向量被选掉。由于 $|\{\alpha c_1\,|\,0\neq\alpha\in F_q\}|=q-1$,因此可选出的列向量的总数是 $\dfrac{q^r-1}{q-1}$。这样就得到了 $r×\dfrac{q^r-1}{q-1}$ 阶校验阵 H,该矩阵任意两列线性无关,但一定有三列线性相关(想一想,为什么?)。以该 H 为校验矩阵的线性码即为汉明码,记作 $H_q(r)$,码字空间的维数为 $n=\dfrac{q^r-1}{q-1}$,信源点所在的线性空间维数 $k=n-r$。信息率为 $k/n=(q^r-1-r(q-1))/(q^r-1)\to1$(当 $r\to\infty$ 时)。特别的,考虑二进制汉明码 $q=2$,$H_2(r)$ 为 $[n,k,3]$ 线性码,$n=2^r-1$,$k=2^r-1-r$,$d=3$。此时校验矩阵的列向量正好可以用从 1 到 2^r-1 的整数的二进制展开来表示。

定理 3.5.1　二元 $[n,k]$ 线性码 C 的校验阵为 H,则任意接收的 $y\in F_q^n$ 的校验子 $s(y)$ 是 y 中发生错误的位置的对应的 H 的列。

证明:$y=c+e$,其中 e 是出错矢量,由于 $d=3$,所以只能纠正 1 位出错。y 某位出错,就说明 e 的某位为 1,其余为 0。$s(y)=s(e)$,考虑

$$[0\ \cdots\ 0\ 1\ 0\ \cdots\ 0]_{1\times n}\begin{bmatrix}\cdots&*&\cdots\\\cdots&*&\cdots\\\cdots&\cdots&\cdots\\\cdots&*&\cdots\end{bmatrix}_{n\times r}^{T}=$$

$[*\quad*\quad\cdots\quad*]=s(e)$,证毕。

例 3.5.1　二元汉明码 $H_2(3)$ 是 $[7,4]$ 线性码,其校验阵为 $H=\begin{bmatrix}0&0&0&1&1&1&1\\0&1&1&0&0&1&1\\1&0&1&0&1&0&1\end{bmatrix}$,收到 y,如 $s(y)=101$,因为 $101_2=5_{10}$,所

以出错位置为 5(注意 H 的列的排列按序号的二进制展开)。

循环码 令 $L \subset V(n,q)$ 为 q 元线性码,$(n,q)=1, n=(q^r-1)/(q-1)$。$\langle x^n-1 \rangle$ 为由 x^n-1 生成的主理想环,商环 $R_n = F_q[x]/(x^n-1)$ 表示次数小于 n 的多项式。从 L 到 $R_n = F_q[x]/(x^n-1)$ 的映射 ϕ:对 $(c_0, c_1, \cdots, c_{n-1}) \in L, \phi(c_0, c_1, \cdots c_{n-1}) = c_0 + c_1 x + \cdots + c_{n-1} x^{n-1} \in R_n$。$R_n$ 视作有限域 F_q 上的向量空间,则映射 ϕ 是 L 到 R_n 的子空间 $\phi(L)$ 的同构映射。称 $\phi(c_0, c_1, \cdots, c_{n-1}) = c_0 + c_1 x + \cdots + c_{n-1} x^{n-1}$ 为码字多项式。定义称一个 $[n,k]$ 线性码 $C \subset V(n,q)$ 是循环码,如果 $(a_0, a_1, \cdots, a_{n-1}) \in C \Rightarrow (a_{n-1}, a_0, a_1, \cdots, a_{n-2}) \in C$。

定理 3.5.2 线性码 $C \subset V(n,q)$ 是循环码 $\Leftrightarrow$ 把 C 中码字对应到多项式时 C 为 R_n 中的一个理想。

证明:充分性。$\forall f(x) \in C, x f(x) \in C$ 即 $(a_0, a_1, \cdots, a_{n-1}) \in C \Rightarrow (a_{n-1}, a_0, a_1, \cdots, a_{n-2}) \in C$。

必要性。$\forall f(x) \in C$,根据循环码定义有 $x f(x) \in C$,则 $x^i f(x) \in C$,得到 $a(x) f(x) \in C$,所以 C 为理想。

定理 3.5.3 C 为 R_n 中的一个理想,长度为 n 的循环码,那么:

①设 $g(x)$ 为 C 中次数最低的一个多项式,则 $C = \langle g(x) \rangle$,称 $g(x)$ 为 C 的一个生成多项式,记作 $C = \langle g(x) \rangle$,C 的生成多项式除了相差 F_q 中的非 0 常熟因子外唯一;

②生成多项式 $g(x)$ 一定整除 x^n-1,即 $g(x) | x^n-1$;

③如果 $\deg(g) = r$,那么 C 的维数为 $n-r$,即 $C = \langle g(x) \rangle = \{r(x) g(x) | \deg(r(x)) < n-r\}$;

④如果 $g(x) = g_0 + g_1 x + \cdots + g_r x^r$,那么 $g_0 \neq 0$ 且 C 的生成矩阵为

$$G = \begin{bmatrix} g_0 & g_1 & \cdots & g_r & 0 & 0 & \cdots & 0 \\ 0 & g_0 & g_1 & \cdots & g_r & 0 & \cdots & 0 \\ \cdots & \cdots & & & & & & \cdots \\ 0 & 0 & \cdots & g_0 & g_1 & \cdots & & g_r \end{bmatrix} \tag{3.5.1}$$

证明:关于①首先 $\langle g(x) \rangle \subset C$,假设有 $p(x) \in C, p(x) = h(x) g(x) + r(x), \deg(r(x)) < \deg(g(x))$,如 $r(x) \neq 0$,则 $r(x) = p(x) -$

$h(x)g(x) \in C$，与 $g(x)$ 次数最低矛盾；所以 $p(x)=h(x)g(x)$，得出 $\langle g(x)\rangle=C$。假设另外有一个不同于 $g(x)$ 的函数 $\widetilde{g}(x)$ 也是生成多项式，则 $\deg(\widetilde{g}(x))<\deg(g(x))$ 且 $\deg(\widetilde{g}(x))>\deg(g(x))$，得出它们次数等高，即相差一个常数。

关于②，令 $x^n-1=g(x)k(x)+r(x)$，$\deg(r(x))<\deg(g(x))$ 且 $x^n-1\equiv0\in C$，则 $r(x)\in C$，得出 $r(x)$ 次数低于 $g(x)$，与 $g(x)$ 是生成多项式矛盾；得出 $r(x)\equiv0$，即 $g(x)\mid x^n-1$。

关于③，C 为模 x^n-1 的主理想环，由次数低于 n 的多项式组成。对任意 $f(x)\in C$，$f(x)=f_1(x)g(x)$，设 $\deg(g)=r$，则 $\deg(f_1)<n-r$，于是 $\{g(x),xg(x),\cdots,x^{n-r-1}g(x)\}$ 线性无关，构成一组基，所以 $\dim(C)=n-r$。

关于④，假设 $g_0=0$，则 $g(x)=xg_1(x)$，$g_1(x)$ 次数比 $g(x)$ 低，与 $g(x)$ 为生成多项式矛盾，所以 $g_0\neq0$。

$\{g(x),xg(x),\cdots,x^{n-r-1}g(x)\}$ 为一组基，展开对应的码字为式(3.5.1)所示矩阵。

例 3.5.2　循环码 $C=\langle 1+x\rangle\subset R_3=F_2[x]/(x^3-1)$，$\dim(C)=3-1=2$，$C$ 的码字为 $0,1+x,x(1+x),(1+x)(1+x)=1+x^2$；因此 $C=\{000,110,101,011\}$，$\langle 1+x^2\rangle=\{f(x)(1+x^2)\mid f(x)\in R_3\}=C$。

在这个例子中，$1+x^2$ 并不是 C 的生成多项式，因为它的次数高于 $1+x$，这说明循环多项式可以由非生成多项式来生成。

定理 3.5.4　R_n 中的一个多项式 $p(x)$ 是某一循环码 C 的生成多项式当且仅当 $p(x)\mid x^n-1$。

证明：必要性。$x^n-1=p(x)q(x)+r(x)$，如果 $0<\deg(r(x))<\deg(p(x))$，则 $r(x)$ 为 C 的生成函数，矛盾，所以 $r(x)\equiv0$，得出 $p(x)\mid x^n-1$。

充分性。设 $x^n-1=p(x)q(x)$，然后任取 $h(x)\in C$ 且 $\deg(h)\geqslant\deg(p)$，反证法，设 $h(x)=p(x)p_1(x)+r(x)$ 且 $\deg(p(x))>\deg(r(x))>0$，两边同时乘以 $q(x)$，得到 $h(x)q(x)\equiv r(x)q(x)$，左

边次数高于右边,矛盾,所以 $r(x) \equiv 0$。即 $p(x)$ 是循环码 C 的生成多项式。

循环码的构造 $x^n - 1$ 的因子构成一个循环码。例如,在 F_2 上,$x^9 - 1 = (x-1)(x^2 + x + 1)(x^6 + x^3 + 1)$,$R_9$ 共有 7 个循环码,$C = \langle x^6 + x^3 + 1 \rangle$,维数为 $9 - 6 = 3$,它的生成矩阵为 $G = $

$$\begin{bmatrix} 1 & 0 & 0 & 1 & 0 & 0 & 1 & 0 & 0 \\ 0 & 1 & 0 & 0 & 1 & 0 & 0 & 1 & 0 \\ 0 & 0 & 1 & 0 & 0 & 1 & 0 & 0 & 1 \end{bmatrix}$$。另,由于 R_n 中 $[n, n-r]$ 循环码

的生成多项式 $g(x)$ 的次数为 r,且整除 $x^n - 1$,所以存在次数为 $n - r$ 的多项式 $h(x)$,使得 $x^n - 1 = g(x)h(x)$,这里 $h(x)$ 称作校验多项式。

定理 3.5.5 设 $h(x)$ 是 R_n 中 $[n, n-r]$ 循环码 C 的校验多项式,那么:

①循环码 C 可以写成 $C = \{p(x) \in R_n \mid p(x)h(x) \equiv 0\}$;

②如果 $h(x) = h_0 + h_1 x + \cdots + h_{n-r} x^{n-r}$,那么 C 的校验矩阵

$$H = \begin{bmatrix} h_{n-r} & \cdots & h_0 & 0 & \cdots & 0 \\ 0 & h_{n-r} & \cdots & h_0 & \cdots & 0 \\ \cdots & \cdots & \cdots & \cdots & \cdots & \cdots \\ 0 & 0 & \cdots & h_{n-r} & \cdots & h_0 \end{bmatrix};$$

③循环码 C 的对偶码 $C^{\perp}$ 是一个维数为 r 的循环码,其生成多项式为 $h(x)$ 的互反多项式 $\tilde{h}(x) = x^{n-r} h\left(\dfrac{1}{x}\right) = h_0 x^{n-r} + h_1 x^{n-r-1} + \cdots + h_{n-r}$,进一步 $C^{\perp}$ 与以 $h(x)$ 为生成多项式的循环码等价。事实上,只要以 $h(x)$ 为生成多项式的循环码写成 $(c_0, c_1, \cdots, c_{n-1})$,改排 $(c_{n-1}, \cdots, c_1, c_0)$ 就是 $C^{\perp}$ 的码字。

证明:关于①,令 $g(x) = (x^n - 1)/h(x)$,则 $g(x)$ 为 C 的生成多项式(因为 $h(x)$ 是 C 的校验多项式),所以 $p(x)h(x) = p_1(x)g(x)$ $h(x) = p_1(x)(x^n - 1) \equiv 0$。

关于②,设 $c(x) = c_0 + c_1 x + \cdots + c_{n-1} x^{n-1} \in C$,由于 $c(x)h(x)$ $\equiv 0$,而 $\deg(c(x)h(x)) \leqslant n - 1 + n - r < 2n - r$,又 $c(x)h(x) = a(x)$

(x^n-1),知 $\deg(a(x)) < n-r$,所以 $x^{n-r}, x^{n-r+1}, \cdots, x^{n-1}$ 在 $c(x)$ $h(x)$ 中系数一定为 0,即

$$\begin{cases} c_0 h_{n-r} + c_1 h_{n-r-1} + \cdots + c_{n-r} h_0 = 0 \\ c_1 h_{n-r} + c_2 h_{n-r-1} + \cdots + c_{n-r+1} h_0 = 0 \\ \qquad \cdots\cdots \\ c_{r-1} h_{n-r} + c_r h_{n-r-1} + \cdots + c_{n-1} h_0 = 0 \end{cases}$$

即 $(c_0, c_1, \cdots, c_{n-1}) H^T = 0$,所以 H 生成一个与 C 正交的码 C',$C' \subset C^\perp$,然而 $h_{n-r} \neq 0$,得出 $\dim(C') = r$,得出 $C' = C^\perp$。

关于③,$h(x) g(x) = x^n - 1 \Rightarrow h\left(\dfrac{1}{x}\right) g\left(\dfrac{1}{x}\right) = \dfrac{1}{x^n} - 1 \Rightarrow x^{n-r} h\left(\dfrac{1}{x}\right)$

$x^r g\left(\dfrac{1}{x}\right) = 1 - x^n \Rightarrow \tilde{h}(x) \mid x^n - 1 \Rightarrow \langle \tilde{h}(x) \rangle = C^\perp$,证毕。

由于 $h(x)$ 与 $\tilde{h}(x)$ 生成的循环码等价,称 $h(x)$ 与 $g(x)$ 生成的循环码互为对偶。

例 3.5.3　上面例子 $C = \langle x^6 + x^3 + 1 \rangle$ 的校验多项式 $h(x) = (x-1)(x^2 + x + 1) = x^3 - 1$,由于 $\tilde{h}(x) = x^3(x^{-3} - 1) = x^3 + 1$,因此 C 的校验矩阵为

$$H = \begin{bmatrix} 1 & 0 & 0 & 1 & 0 & 0 & 0 & 0 & 0 \\ 0 & 1 & 0 & 0 & 1 & 0 & 0 & 0 & 0 \\ 0 & 0 & 1 & 0 & 0 & 1 & 0 & 0 & 0 \\ 0 & 0 & 0 & 1 & 0 & 0 & 1 & 0 & 0 \\ 0 & 0 & 0 & 0 & 1 & 0 & 0 & 1 & 0 \\ 0 & 0 & 0 & 0 & 0 & 1 & 0 & 0 & 1 \end{bmatrix}$$

循环码的编码 C 为 q 元 $[n,k]$ 循环码(即信源点 k 维,码字 n 维),由定理 3.5.3 知生成多项式 $g(x)$ 的维数为 $n-k$(码 C 为 k 维),码 C 将长度为 k 的 q 元消息串编码,冗余位数为 $n-k$。设 $g(x) = g_0 + g_1 x + \cdots + g_{n-k} x^{n-k}$,那么 $G = \begin{bmatrix} g_0 & \cdots & g_{n-k} & \cdots \\ 0 & g_0 & \cdots & \cdots \\ \cdots & \cdots & \cdots & \cdots \\ \cdots & g_0 & \cdots & g_{n-k} \end{bmatrix}$ 就是 C 的生

成矩阵,$g_{n-k} \neq 0$,G 行等价于 $(A\ I_k)_{k \times n}$。C 的码字后面 k 位看作是信息位,前 $n-k$ 位看作校验位。所以编码的问题就是给定了 c_{n-k},c_{n-k+1},$\cdots$,c_{n-1} 信息位 $(c_i \in F_q)$,那么如何确定 $c_0,c_1,\cdots,c_{n-k-1}$,使得 $(c_0,c_1,\cdots,c_{n-k-1},c_{n-k},c_{n-k+1},\cdots,c_{n-1}) \in C$?

令 $c(x) = c_{n-k}x^{n-k} + c_{n-k+1}x^{n-k+1} + \cdots + c_{n-1}x^{n-1}$,根据带余除法,$c(x) = q(x)g(x) - r(x)$,其中 $\deg(r(x)) < \deg(g(x)) = n-k$,$r(x)$ 由 $c(x)$ 和 $g(x)$ 唯一确定,$c(x) + r(x) = q(x)g(x)$,而 $r(x) = c_0 + c_1 x + \cdots + c_{n-k+1}x^{n-k+1} \in F_q[x]$,则有 $(c_0,c_1,\cdots,c_{n-k-1},c_{n-k},c_{n-k+1},\cdots,c_{n-1}) \in C$。检验位信息由带余除法做出。

习　题

1. 随机变量 $a=1$ 表示得病,$a=0$ 表示没有得病;随机变量 $b=1$ 表示检查得病,$b=0$ 表示检查没有得病。并且 $P(a=1)=0.01$ 和 $P(a=0)=0.99$,$P(b=1|a=1)=0.95$ 且 $P(b=0|a=1)=0.05$ 以及 $P(b=0|a=0)=0.95$ 且 $P(b=1|a=0)=0.05$。问:约翰被检测得病,他真实患病的概率是多少?

2. 对 BSC 信道,设 $p(y_0|x_0)=p$,$p(y_0|x_1)=\bar{p}$,$p(y_1|x_0)=p$,$p(y_1|x_1)=\bar{p}$,求信道容量。

3. 求题图所示信道的互信息 $I(X;Y)$ 表示式及其最大值。

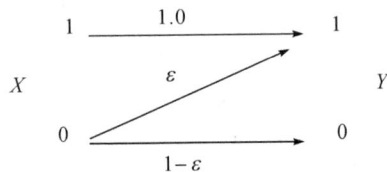

题 3 图

4. 设信道输入 $X=\{1,2,\cdots,m\}$,$Y=\{1,2,\cdots,n\}$;记 $P_r(y=i|x=j)=p_{ij}$;该信道的转移概率矩阵

$$P = \begin{pmatrix} p_{11} & p_{21} & \cdots & p_{n1} \\ p_{12} & p_{22} & \cdots & p_{n2} \\ \cdots & \cdots & & \\ p_{1m} & p_{2m} & \cdots & p_{nn} \end{pmatrix}$$

显然 $\sum\limits_{k=1}^{n} p_{ki} = 1$，如果 P 每一行是某行的排列，每一列是某列的排列，称 P 为对称信道；如果 P 每一行是某行的排列，且 $\sum\limits_{i=1}^{n} p_{ij}$ 都相等，则称该信道为弱对称信道。证明对于弱对称信道的信道容量 C 满足 $C = \log n - H(r)$ 并且当输入为平均分布时达到信道容量值，这里 $H(r)$ 表示某行分布的信息熵。(提示：$I(X;Y) \leqslant \log n - H(r)$)

5. 关于平行信道容量，如题图所示。

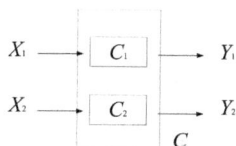

题 5 图　平行信道

①从平行信道 C_1 和 C_2 互相干扰的角度解释马尔科夫链 $X_1 \to X_2 \to Y_2$；

②证明 $I(X_1, X_2; Y_1, Y_2) = I(X_1; Y_1) + I(X_2; Y_2) - I(Y_1; Y_2)$。

6. 如题图所示，此信道输出具有误码 e，计算该信道容量 C。

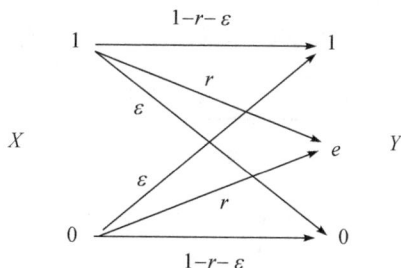

题 6 图　含误码 e 的信道

7. 关于瓶颈信道。$X = x \in \chi = \{1, 2, \cdots, m\}$ 经由中继传输, 中继信号 $V = v \in v = \{1, 2, \cdots, k\}$, 输出 $Y = y \in \Upsilon = \{1, 2, \cdots, m\}$, 如题 6 图中对任意 $p(V \mid X)$、$p(Y \mid V)$, 有 $p(Y \mid X = x) = \sum\limits_{v \in v} p(V = v \mid X = x) p(Y \mid V = v)$, $X \rightarrow V \rightarrow Y$ 为马尔科夫链。

①左边信道容量为 C_1, 右边信道容量为 C_2, 则总的信道容量 $C \leqslant \min\{C_1, C_2\}$, 解释该结论;

②证明 $C \leqslant \log k$。

8. 最大后验估计译码。随机变量观测值 Y, 隐藏变量 X, 用 $\hat{X} = g(Y)$ 进行估计, 估计原则是使得概率 $P_r(\hat{X} \neq X)$(误码率)最低。对 $x \in \chi$, $y \in \Upsilon$, 有 $p(x, y) = P_r(X = x, Y = y)$, $p(x \mid y) = P_r(X = x \mid Y = y)$。

①$g(\cdot): \Upsilon \rightarrow \chi$, 证明 $P_r(\hat{X} \neq X) = \sum\limits_{(x,y) \in \chi \times \Upsilon : x \neq g(y)} p(x, y) = \sum\limits_{y \in \Upsilon} p(y) \sum\limits_{x \in \chi : x \neq g(y)} p(x \mid y)$;

②MAP 估计 $g_{MAP}(y) = \arg \max\limits^{x \in \chi} p(x \mid y)$;

③对 $u \in \mu$, $u^* \in \mu$ 为随机变量 U 的最大概率输出, 即 $P_r(U = u) \leqslant P_r(U = u^*)$, 证明 $H(U) \geqslant \log \dfrac{1}{P_r(U = u^*)}$;

④在①中 $Pr(\hat{X} \neq X) \leqslant 1 - 2^{-H(X|Y)}$。

9. 随机变量 X、Y、Z 满足马尔可夫链 $X \rightarrow Y \rightarrow Z$ 且 $X \perp Z \mid Y$, 则 $I(X; Y) \geqslant I(X; Z)$。

10. 关于 Fano 不等式。随机变量 X、Y 的联合分布如题 10 表所示。

题 10 表　随机变量 X、Y 的联合分布

X/Y	a	b	c
1	1/6	1/12	1/12
2	1/12	1/6	1/12
3	1/12	1/12	1/6

令 $\hat{X}=g(Y)$ 作为基于 Y 的对 X 的估计，$P_e=P_r\{\hat{X}\neq X\}$。

①求 $\hat{X}$、P_e；

②写出 Fano 不等式，并与①比较。

11. 考虑 BSC 信道和编码 $C=\{0000,0011,1100,1111\}$，并且假设这 4 个码字的使用概率为 $\{1/2,1/8,1/8,1/4\}$。设计最小误码率的解码规则，假设每个符号的出错概率 f 满足 $0<f<1/2$。

12. 信道的传输概率矩阵为 $\begin{bmatrix} 1 & 0 & 0 \\ 0 & 2/3 & 1/3 \\ 0 & 1/3 & 2/3 \end{bmatrix}$，求该信道的容量。

13. 一个信道 Q 输入 8 位字节、输出 8 位字节，传输时信道精确地翻转其中一位，但接收器无法知道。其余 7 位传输接收无误差。假设所有 8 位皆等概率地被翻转，推导该信道的容量，并设计一个承载 5 位信号传输的零差错率的信道编解码方法。

14. 一个信道输入为 $x\in\{a,b,c\}$，输出为 $y\in\{r,s,t,u\}$，条件概率矩阵为

$$Q=\begin{pmatrix} 1/2 & 0 & 0 \\ 1/2 & 1/2 & 0 \\ 0 & 1/2 & 1/2 \\ 0 & 0 & 1/2 \end{pmatrix}$$

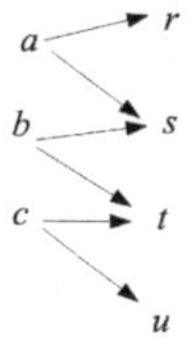

题 14 图　信道 Q 的条件矩阵

求信道 Q 的容量。

15. 书封的 10 位 ISBN 码也使用了检错码，其中前 9 位是源数字，第 10 位编码有公式 $x_{10}\equiv(\sum_{n=1}^{9}nx_n)\bmod 11$，这里 $x_{10}\in\{0,1,2,\cdots,9,10\}$。如 $x_{10}=10$，则第 10 位使用罗马字 X 表示。

① 证明任意有效的 ISBN 码满足 $(\sum_{n=1}^{10}nx_n)\bmod 11\equiv 0$；

②想象假设 ISBN 经过口耳信道产生位错误和顺序混乱，证明

这种编码方式可以检测(不是纠错)任何一位的出错(例如从 1-010-00000-4→1-010-00080-4);

③证明这种编码可以检测任意相邻两位的出错(例如从 1-010-00000-4→1-100-00000-4);

④问如果定义第 10 位编码有公式 $x_{10} \equiv (\sum_{n=1}^{9} nx_n) \bmod 10$,那么该编码为何会失效?

16. 输入为 x、输出为 y 的转移概率矩阵如题 16 图所示。

$$\begin{pmatrix} 1-f & f & 0 & 0 \\ f & 1-f & 0 & 0 \\ 0 & 0 & 1-g & g \\ 0 & 0 & g & 1-g \end{pmatrix}$$

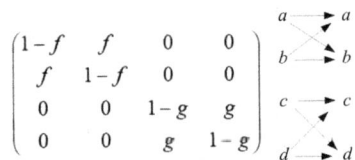

题 16 图　信道矩阵与传输出错关系

假设输入概率分布为 $P_X = \left\{ \dfrac{p}{2}, \dfrac{p}{2}, \dfrac{1-p}{2}, \dfrac{1-p}{2} \right\}$,记输出熵为 $H(Y)$,给定输入的条件输出熵为 $H(Y|X)$。

①证明最优输入分布由 $p = \dfrac{1}{1 + 2^{-H_2(g) + H_2(f)}}$,此处 $H_2(f) = f\log_2\dfrac{1}{f} + (1-f)\log_2\dfrac{1}{1-f}$(提示:$\dfrac{\mathrm{d}}{\mathrm{d}p}H_2(p) = \log_2\dfrac{1-p}{p}$);

②当 $f=0, g=0$ 时达到最优输入分布和信道容量,说明理由。

17. 简述检错码和纠错码在冗余机制方面的差异。

18. 假设 $X_1, X_2, \cdots, X_n$ 是如下分布的随机变量的随机采样:

$$f(x|\theta) = \begin{cases} \theta x^{\theta-1}, & 0 < x < 1; \\ 0, & \text{otherwise}; \end{cases}$$

参数 $\theta > 0$ 未知,且 θ 的先验分布为参数 $\alpha > 0$、$\beta > 0$ 的伽马分布,求 θ 的后验概率分布,并求其贝叶斯估计。(提示:伽马分布 $\pi(\theta) = \dfrac{\beta^\alpha}{\Gamma(\alpha)}\theta^{\alpha-1}\mathrm{e}^{-\beta\theta}$,贝叶斯估计就是该后验分布的数学期望。)

19. 泊松分布的 n 个独立观测值的密度分布函数为

$$p(y_i|\lambda)=\lambda^{y_i}\exp\{-\lambda\}/y_i!\,;y_i=0,1,2,\cdots;\lambda>0$$

证明 λ 的贝叶斯估计为 $\overline{y}=\sum\limits_{i=1}^{n}y_i/n$。（提示：伽马分布 $p(x)\propto x^{\alpha-1}e^{-\beta x}$；$\alpha$、$\beta$、$x>0$，该分布的期望为 α/β。）

20. 设 Y 在 $[0,\theta]$ 上均匀分布，有 Y 的 n 个观察值的一个随机采样，令 θ 的先验分布 $p(\theta)=ak^a\theta^{-(a+1)}$；$\theta\geqslant k,a>0$。

①计算 θ 的后验分布；

②计算 θ 的先验分布的期望；

③计算 θ 的贝叶斯估计。

21. 关于最小距离译码准则。二元码 $C=\{\vec{x_1},\vec{x_2},\cdots,\vec{x_M}\}$，$\vec{x_i}\in\{0,1\}^n$，经过 BSC 信道 BSC($\varepsilon$)，其中 $\varepsilon<1/2$，$W=\{1,2,\cdots,M\}$，$P_r(W=i)=1/M$；第 i 个消息对应 $\vec{x_i}$，输出 $\vec{y}=(y_1,y_2,\cdots,y_n)$。

①证明 $g_{MAP}(y)=\arg\max\limits_{x\in\chi}p(x|y)$ 有最小误码概率；

②证明 $\hat{W}_{ML}(\vec{y})=\arg\max\limits_{i\in\{1,2,\cdots,M\}}p(\vec{y}|\vec{x_i})$ 与①等价；

③计算 $p(\vec{y}|\vec{x_i})$（使用 ε）和汉明距离 $d_H(\vec{y},\vec{x_i})$；

④证明①与 $\hat{W}_{MD}(\vec{y})=\arg\max\limits_{i\in\{1,2,\cdots,M\}}d_H(\vec{y},\vec{x_i})$ 等价。

22. 如上 $C=\{\vec{x_1},\vec{x_2},\cdots,\vec{x_M}\}$，$\vec{x_i}\in\{0,1\}^n$，BSC($\varepsilon$)，$\vec{x_i}$ 发送，输出 $\vec{y}=(y_1,y_2,\cdots,y_n)$。

①证明 $P_r[d_H(\vec{y},\vec{x_j})<d_H(\vec{y},\vec{x_i})]\geqslant(\varepsilon(1-\varepsilon))^{\frac{d_H(\vec{x_j},\vec{x_i})+1}{2}}$，$j\neq i$；

②证明 $P_{e,i}^n=P_r(\hat{W}\neq i\,|\,\vec{x_i})\geqslant(\varepsilon(1-\varepsilon))^{\frac{d_i+1}{2}}$，其中 $d_i=\min\limits_{j\neq i,j\in\{1,2,\cdots,M\}}d(\vec{x_j},\vec{x_i})$；

③证明 $P_{e,av}^n\geqslant(\varepsilon(1-\varepsilon))^{\frac{\overline{d}+1}{2}}$，$\overline{d}=\dfrac{1}{M}\sum\limits_{i=1}^{M}d_i\left(\text{提示：}\dfrac{1}{M}\sum\limits_{i=1}^{M}\alpha^{x_i}\geqslant\alpha^{\frac{\sum x_i}{M}}\right)$。

23. $x_{i,j}$ 为 $\vec{x_i}$ 的第 j 位,证明对 j,要么所有的 $x_{i,j}$ 全为零,要么一半为零。当全为零时解释如何提高? 证明每个码字的平均"1"的数目至多为 $k/2(k$ 维子空间)。证明要么全部码字含偶数个 1,要么一半码字含奇数个 1,另一半码字含偶数个 1。(提示:不可能全部码字含奇数个 1。)

24. $C=\{\vec{x_1},\vec{x_2},\cdots,\vec{x_M}\}$,$\vec{x_i}\in\{0,1\}^n$,$M=2^k$,线性码性质: $\vec{x},\vec{y}\in C\Rightarrow\vec{x}+\vec{y}\in C$。阐述如何由初始的 $D=\{\vec{0}\}$ 构造生成 D 生成 C 的过程。

25. 有六瓶酒编号 1,2,3,4,5,6,第 i 瓶酒坏了的概率为 p_i,即 $(p_1,p_2,p_3,p_4,p_5,p_6)=(1/2,1/4,1/8,1/16,1/32,1/32)$。混合的酒保持坏酒的味道,可一次品一瓶或多瓶,品后倒掉继续品,直到坏酒被确认。

① 求所有品酒策略的品酒期望次数的下界;

② 设计最少的品酒期望次数;

③ 如果只允许品两次,请设计一个策略以最大概率确定坏酒,并计算该概率。

第四章　线路编码

　　线路编码不同于信道编码,它是数字信号在物理载体上传输时的脉冲机制的设计。这些物理载体可以是传统数字电话线路、包交换网络的线路(因特网物理层)、光纤传输线路或者是无线射频信号等。

　　数字通信的基本原理是利用数字信号在传输中基于中继机制可以恰当地恢复,以抵抗传输过程的噪声和信号衰减,这就是所谓的信号再生中继技术。再生中继要求在基带信号信噪比不太大的条件下,系统对失真的波形及时进行识别判决,识别出"1"码和"0"码,经过再生中继后的输出脉冲会完全恢复为原数字信号序列。如图 4.0.1 所示。

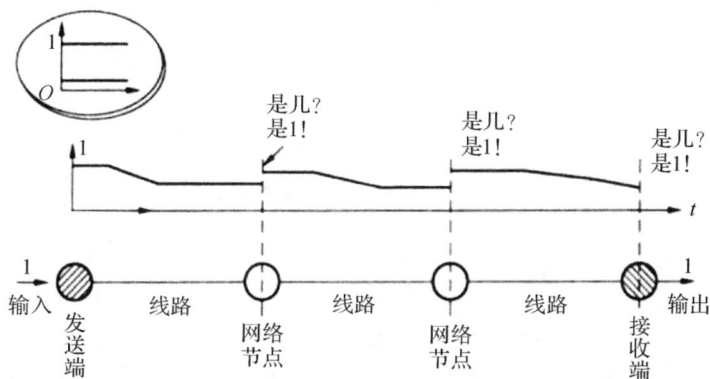

图 4.0.1　数字通信再生中继原理

再生中继的特点是数字信号在传输过程引起的信号幅度失真可通过再生中继系统中的均衡放大、再生判决而去掉,所以理想的再生中继系统是不存在噪声积累的;在再生判决的过程中,由于码间串扰和噪声干扰的影响,会导致判决电路的错误判决,即"1"码误判为"0"码,"0"码误判为"1"码,产生误码现象。一旦误码发生,就无法消除,产生误码积累。线路编码正是为提升再生中继的质量、减少线路噪声的干扰而设计的。以下分有线线路编码、光纤线路编码和无线线路编码三个部分来介绍线路编码技术。

第一节　有线线路编码

1.曼彻斯特编码

曼彻斯特编码是基于传统的数字信号、时钟信号分路传输而提出的改进机制。如图 4.1.1 所示。

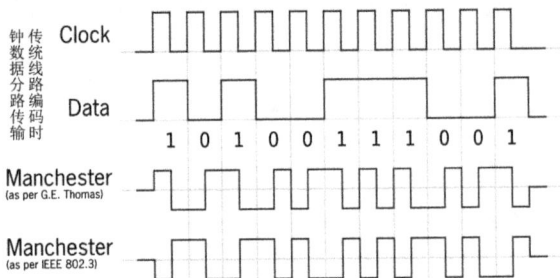

图 4.1.1　曼彻斯特编码示例

传统上一路数据一路时钟,数据线路高电平表示数据 1、低电平表示数据 0,时钟则通过高低电平跃变表示。这种方式有两个缺点,首先增加了一路时钟,使得系统复杂了。其次,时钟线路带宽高于所传递的数据带宽一倍。而曼彻斯特编码把时钟内置于数据线路中,传递数据的同时自带时钟校对信息。例如,图 4.1.1 所示两种编码方式,都是由零电平初始,由高到低的跃变表示 1、由低到高的跃变表示 0(或者反之),在传输结束时恢复到零电平。曼彻斯特编码也是以原始数据的双倍带宽进行传输的。

2. 差分曼彻斯特编码

差分曼彻斯特编码跟曼彻斯特编码一样采用时钟中间作电平跃变标记数据,所不同的是在每个时钟周期的起始处采用电平的跃变与否来标识 0 或 1。如图 4.1.2 所示。

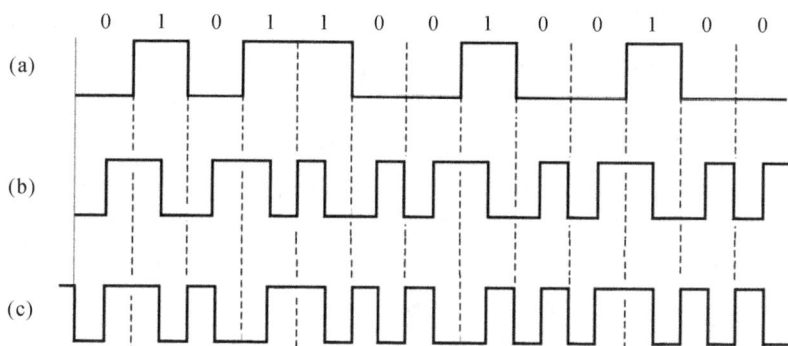

图 4.1.2　差分曼彻斯特编码示例

图 4.1.2 中,(a)表示原始的数字信号,(b)表示曼彻斯特编码,(c)表示差分曼彻斯特编码。虚竖线表示时钟周期的间隔,如(c)中在每个时钟周期开始处发生从高到低或从低到高跃变的表示数据 0,不发生跃变的表示数据 1。差分曼彻斯特编码比曼彻斯特编码的变化要少,因此更适合于传输高速的信息,被广泛用于宽带高速网中。然而,由于每个时钟位都必须有一次变化,所以这两种编码都需要双倍的传输带宽。

3. 双极性半空占码

双极性半空占码又称为 AMI 双极性码,是一种数字传输中采用信号交替反转码的编码技术。在逻辑 0 由空电平表示,而逻辑 1 由交替反转的正负电压表示。如图 4.1.3 所示。

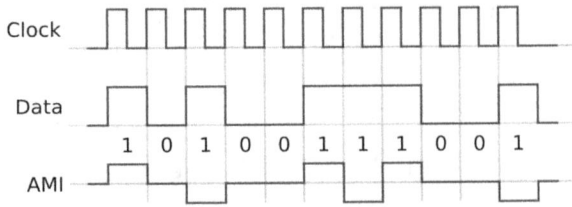

图 4.1.3 AMI 双极性码示例

双极性码是三进制码,1 为反转,0 为保持零电平。根据信号是否归零,还可以划分为归零码和非归零码,归零码码元中间的信号回归到 0 电平,而非归零码遇 1 电平翻转,零时不变。作为编码方案的双极性不归零码,"1"码和"0"码都有电流,但是"1"码是正电流,"0"码是负电流,正和负的幅度相等,故称为双极性码。此时的判决门限为零电平,接收端使用零判决器或正负判决器,接收信号的值若在零电平以上为正,判为"1"码;若在零电平以下为负,判为"0"码。AMI码如果连 0 过多,不利于定时提取。

4. 三阶高密度双极性码(HDB3)

三阶高密度双极性码是为了克服 AMI 码的缺点而出现的,具有能量分散、抗破坏性强等特点。在 AMI 码中,连续的二进制零序列会使得编码的自时钟(self-clocking)信息丢失。为了避免这种情况的发生,HDB3 码将 AMI 码中四个连续的二进制 0 使用违反 AMI 码规定的极性的脉冲(+1 或 -1)来取代。将第四个"0"变成与其前面一非"0"同极性的符号,因其无直流成分、低频成分少和连 0 个数最多不超过三个等特点,而对定时信号的恢复十分有利,并已成为CCITT 协会推荐使用的基带传输码型之一。如表 4.1.1 和图 4.1.4所示。

表 4.1.1　替换表

上一个脉冲的极性	自上一次替换以来脉冲(+1 或 -1)的个数	
	奇(000V)	偶(B00V)
负	000-	+00+
正	000+	-00-

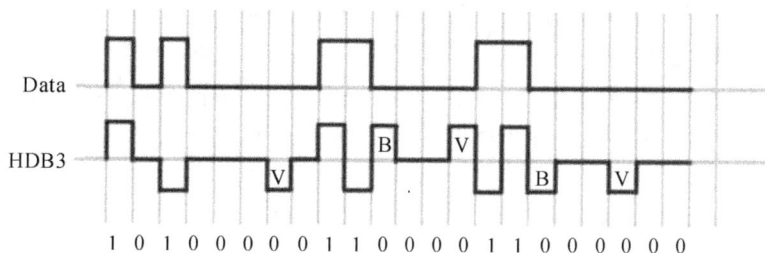

1 0 1 0 0 0 0 0 1 1 0 0 0 0 1 1 0 0 0 0 0 0

图 4.1.4　HDB3 编码示例

第二节　光纤线路编码

1. 光纤传输信号的原理

光纤传递信号有模拟方式和数字方式两种。光纤模拟传输是将电流幅度变化同步转换到激光亮度变化的传输形式;而光纤数字传输方式是指数字域二进制信号转换到激光信号振幅非零与零(只不过肉眼无法分辨变化的时间间隔而感觉一直亮着)。

非归零制编码(NRZ)

非归零制编码(NRZ)是光纤通信的基本码型,采用两个电压来表示两个二进制数字。NRZ 可分为单极型和双极型。单极型 NRZ:无电压表示数字 0,恒定的正电压表示数字 1。双极型 NRZ:恒定的正电压表示数字 1,恒定的负电压表示数字 0。光接口 STM-NO、1000Base-SX、1000Base-LX 采用此码型。NRZ 是一种很简单的编码方式,用 0 电位和 1 电位分别表示二进制的"0"和"1",编码后速率不变,有很明显的直流成分,不适合电接口传输,并且 NRZ 和 NRZI 编码本身不能保证信号中不包含长连"0"或长连"1"出现,不利于时钟恢复。

分组码(mBnB)

mBnB 码也是光纤通信中常采用的一种编码方式。将 m 个二元码按一定规则变换为 n 个二元码,变换后的码称为 mBnB 码。1B2B 码是其中最简单的一种。1B2B 码包括 CMI 码、DMI 码和双相码(曼彻斯特码)等,都是用两个码表示一个信息码,因此使线路的传输速率提高了一倍,是低速 34Mb/s 以下系统中常用的线路码型。其特点是:

①电路简单;

②最大连"0"连"1"仅为 2;

③定时信息丰富,便于不停止业务的误码检测。

然而,在码率较高(例如 140Mb/s)的情况下不宜采用 1B2B 码。比 1B2B 码带宽利用更好的 mBnB 码有 3B4B、5B6B、7B8B。其中 5B6B 码在光纤通信中较为常用,我国已规定在 140Mb/s 系统中采用 5B6B 码。

插入比特码(mB1P,mB1Ci,mB1H)

插入比特码是当前我国应用较多的一种线路码,优点是设计灵活,适合于高码率系统,能传递丰富的辅助信息及中途方便地上下话路。

在信息码流中每 m 个二元码后插入一个奇偶校验码 P,使 $m+1$ 个码中 1 的个数为偶数(奇数),这样得到的码叫作 mB1P 码。mB1Ci 码是在每 m 个二元码后面插入 C 码,C 码是前 i 位信息码的反码,i 表示补码的参照码位置。mB1H 码是在每 m 个二元码后面插入 H 码,H 码由插入码和 C 码混合而成,包括如帧同步码、奇偶校验码、联络电话用码,等等。mB1H 码实现了各种信息在同一根光纤中传送。我国采用的有 8B1H、4B1H、1B1H。

2. 光纤的模拟传输

加扰 NRZ 码

对 NRZ 码进行随机干扰使得它的 0、1 相对比较随机，从而便于时钟恢复。扰码是一种具有干扰的、随机的编码概念。干扰的目的是使原有的数据序列变得具有随机性。对那些本已具备随机性的数据使用扰码编码方式显然是没有意义的，但是对视频这样高度相关性的数据流却具有非常好的优点，因为在这种情况下，相对于其他编码方式，扰码能产生较好的频率分布。因为扰码的目的是使数据位流中的 1 和 0 的个数相等且分布具有随机性，这样也易于时钟的恢复。干扰可以是以一个字为基础，并行数据在串行化之前就进行干扰，也可以以位为基础（bit-by-bit）。CCIR-601 记录仪按照预先定义的查找表来产生扰码，而下面描述的串行数字接口使用虚拟随机序列产生扰码。位干扰系统是基于 PRBS（Pseudo-random Binary Sequence，虚拟随机二进制序列），它依次组合到要传输的数据中，PRBS 可以通过一个带反馈的移位寄存器来产生。

同步数字体系（Synchronous Digital Hierarchy，SDH）

SDH 是不同速度的数字信号的传输提供相应等级的信息结构，包括复用方法和映射方法，以及相关的同步方法组成的一个技术体制，主要应用光纤作为传输介质，同时也可以用微波作为介质。同步数字体系在 20 世纪 90 年代之前几乎完全应用于公共交换电话网（PSTN）传输语音电信业务。

SDH 网络节点接口

● 电接口

◆STM-1 是 SDH 的第一个等级，又叫基本同步传送模块，比特率为 155.520Mb/s。

◆STM-N 是 SDH 第 N 个等级的同步传送模块，比特率是 STM-1 的 N 倍（$N=4n=1,4,16,64,256$）。ITU-T 规定对于任何级别的 STM-N 帧，帧频都是 8000 帧/秒。

● 光接口

◆仅对电信号扰码。光口信号码型是加扰的 NRZ 码,采用世界统一的标准扰码。

SDH 利用原子钟来统一时间。即拥有高精度、高稳定度的主时钟(例如原子钟)将时钟信号经时钟网络传送给其下的各级从时钟,各级从时钟分别同步于来自上一级的时钟信号,从而达到全网同步。在该方式中,从时钟通常有三种工作模式:跟踪模式、保持模式、自由振荡模式。

第三节　微波通信的数字信号调制

在广播系统中将窄带信号调制成无线信号的方式有调频、调幅、调相,即将窄带信号通过无线电波的频率、振幅或相位的变化来表示。数字调制分幅移键控(ASK)、频移键控(FSK)和相移键控(PSK)。下面进行逐一介绍。

1. 幅移键控(ASK)

幅移键控是通过载波的幅度变化来表示数字信号的一种幅度调制方式。在一个 ASK 系统中,二进制符号 1 会通过一个固定幅度、固定频率的载波信号来表示。这一载波信号会持续 T 秒。如果信号的值为 1,就会传输载波信号,反之则不会传输载波信号。

2. 频移键控(FSK)

频移键控是一种利用频率差异的信号来传送资料的调制方式。最常见的 FSK 为二进制 FSK(BFSK,Binary FSK,或称 2FSK)。BFSK 用两个离散的频率分别代表不同的二进制信号(0 和 1),四进制频移键控则称 QFSK。

3. 相移键控(PSK)

相移键控是一种利用相位差异的信号来传送资料的调制方式。

该传送信号必须为正交信号,其基底更须为单位化信号。目前有BPSK、QPSK、16PSK、64PSK,等等,常用的只有 QPSK。而 M 是代表传送信号的符号(symbol)种类。符号越多,传送的比特数越多,自然在固定时间可传送越多的资料量(bps)。BPSK 是 PSK 系列中最简单的一种。它是使用两个相位差 180°且正交的信号表示 0 及 1 的资料。它在坐标图放置的点并无特别设计,两点皆放在实数轴,分别在 0°的点及 180°的点。这种系统在 PSK 系列中抗噪声能力(SNR)是最佳的,在传送过程中即使严重失真,在解调时仍可尽量避免错误的判断。然而,由于只能调制 1 bit 至 symbol 上,所以不适合用在高带宽资料传送需求的系统上。

习 题

1.二进制数据如题 1 图所示。

题 1 图

试画出各编码波形。

2.如题 2 图所示。

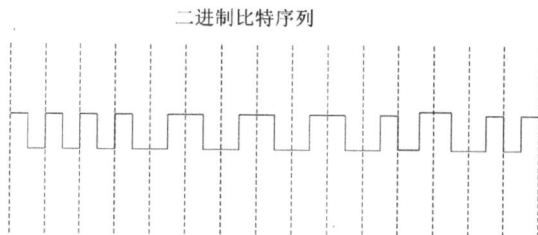

题 2 图 二进制序列的曼彻斯特编码

请写出该二进制序列的差分曼彻斯特编码。如果以 100Mbps 速率发送该二进制比特序列,所需要的信道带宽至少为多少?

3.简述数字中继的原理。

4.简述对数字数据使用电磁波进行调制的主要方法。

第五章　密码理论

　　本书中介绍的信源编码是输入字节数不少于输出字节数的编码，即存在数据压缩；信道编码则是输入字节数少于输出字节数的编码，即信道编码需要加入冗余字节；直观上，密码编码可以看作是输入符号数等于输出符号数，或者输入输出字节数一致的编码，这当然是一种粗略的看法，但显示了密码编码的特点：密码编码的输入和输出之间是一个一一对应的离散函数，并且这个函数是可逆的。

　　历史上，在密码发展早期，密码是靠加密方法的保密而获得密码的安全性、可靠性的。例如，古罗马时期的恺撒密码、二战时期的恩尼格玛密码机、基于矩阵乘法的密码方法等，这些方法实际上使用频率法分析加密输出还是可以得到一定的统计规律的。从理论上说，加密算法输出文本的随机性越强，则密码也越安全。信息论的创始人克劳德·香农正是基于此提出了一次一密理论的，从而奠基了密码学作为一门科学的基础。

第一节　一次一密

　　一次一密就是使用一次性密码本，以随机的密钥（key）组合作用于明文，且只使用一次。在理论上，此种密码具有完善保密性，是牢不可破的。一次一密的加解密算法反而是简单的，以输入输出为二进制序列举例，采用 0 和 1 之间的异或运算，即 $0 \oplus 1 = 1$、$1 \oplus 0 = 1$，而 $1 \oplus 1 = 0$、$0 \oplus 0 = 0$，则加密算法为明文序列和密钥序列进行异或运算，解密算法为密文序列与密钥序列进行异或运算：

加密

明文序列 0111001011001

密钥序列 1100101001101

密文序列 1011100010100

解密

密文序列 1011100010100

密钥序列 1100101001101

明文序列 0111001011001

也可以使用基于群论的加解密算法，以乘法群 Z_p^*（p 为素数）为符号集，含有 $p-1$ 个元素。明文和密钥都从这个集合取值，密钥以平均概率分布从 1、2、$\cdots$、$p-1$ 中取值，于是加密算法为 $c=m \cdot g^x$，其中 m 为明文、c 为密文、x 为密钥，g 为群 Z_p^* 的生成元；而解密算法为 $m=c \cdot g^{-x}$，其中 $-x=0-x$ 为 x 的加法逆元。

一次一密的标准定义是密钥 K、明文 X 和密文 Y 组成的密码系统 (K, X, Y, D, E) 满足 $\forall\, m_0, m_1 \in M(len(m_0)=len(m_1))$ 且 $\forall\, c \in C$，有 $P_r[E(k_0, m_0)=c]=P_r[E(k_1, m_1)=c]$，其中 k_0、k_1 以等概率方式取自密钥 K，而 E、D 表示加密、解密算法。在标准定义中暂无明文分布的特征说明，其实这里要加上明文分布的等概率性。计算条件概率

$$P_r(m=x, k=\mathbf{k} \mid c=y)$$

$$= \frac{P_r(c=y \mid k=\mathbf{k}, m=x) P_r(k=\mathbf{k} \mid m=x) P_r(m=x)}{P_r(c=y)}$$

$$= \frac{P_r(k=\mathbf{k}) P_r(m=x)}{P_r(c=y)}$$

可见如果要满足 $P_r[E(k_0, m_0)=c]=P_r[E(k_1, m_1)=c]$，那么当密钥分布是等概率时，则明文也需要符合等概率分布才能保证。

从一次一密定义证明完善保密性。首先证明密文和密钥一样是等概率分布的。

$$p(c=y) = \sum_x p(m=x, c=y)$$

$$= \sum_x p(c=y \mid m=x) p(m=x)$$

$$= \sum_{x,k=x \oplus y} p(E(k,x)=y) p(m=x)$$

$$= \sum_x p(k=x \oplus y) p(m=x)$$

$$= p(k) \sum_x p(m=x) = p(k)$$

上面第 4 个等号利用了一次一密的定义，后面几步则是利用密钥概率为等概率的。其次证明 $p(m=x \mid c=y) = p(m=x)$ 就证明了完善保密性。

$$p(m=x \mid c=y) = \frac{p(c=y \mid m=x) p(m=x)}{p(c=y)}$$

$$= \frac{p(k=x \oplus y) p(m=x)}{p(c=y)} = p(m=x)$$

将加密过程视作一个通信信道，信道输入是明文，输出是密文。信道容量体现了明文密文之间的相关性，与传统的通信中希望信道容量尽可能地大相反，在密码学里则希望信道容量为零，就可以达到完美的计算安全性，如图 5.1.1 所示。下面的一次一密完善保密性定理给出了基于一次一密的对称密码系统的互信息熵为零，所以该信道容量为零。

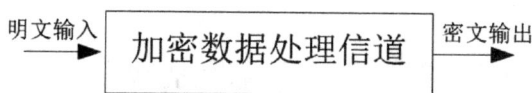

零容量信道对加解密来说最理想的

图 5.1.1 加解密处理可以看作一个信道

一次一密完善保密性定理 设 X、Y 为随机变量，X 为明文，Y 为密文。K 为加解密密钥，因为使用一次一密方式，所以 K 为随机变量。$Y = f(X,K)$ 为加密过程，f 为确定的已知算法；$X = g(Y,K)$ 为解密过程，g 为确定的已知算法；同时 X 和 Y 可以确定 K，即 $K = h(X,Y)$，h 为已知算法。并且随机变量 X 与 K 独立。则 X 和 Y 的

互信息熵 $I(X;Y)=0$。

证 由于 $Y=f(X,K)$，$X=g(Y,K)$ 和 $K=h(X,Y)$，f、g、h 为确定的已知算法。易知

$$H(X|Y,K)=H(Y|X,K)=H(K|X,Y)=0$$

又

$$H(Y,X|K)=H(Y)+H(X|K,Y)=H(X|K)+H(Y|X,K)$$

及

$$H(Y,K|X)=H(Y)+H(K|X,Y)=H(K|X)+H(Y|X,K)$$

得到

$$H(Y)=H(X|K)=H(K|X)$$

同理

$$H(K)=H(X|Y)-H(Y|X)$$

另，因随机变量 X 与 K 独立，由 $H(Y)=H(X|K)=H(K|X)$ 得到 $H(Y)=H(X)=H(K)$，所以

$$I(X;Y)=H(X)-H(X|Y)=H(X)-H(K)=0$$

证毕。事实上可以进一步证明在这个定理的证明中得到的结论 $H(Y)=H(X)=H(K)$ 恰也是一次一密的完善保密性条件 $P_r[E(k_0,m_0)=c]=P_r[E(k_1,m_1)=c]$ 所蕴含的。换言之，在标准定义中密钥等概分布并非必要的，只要明文和密钥两个随机变量独立。

第二节　对称密码体制

一次一密中加密密钥和解密密钥是一致的，这种加解密同一密钥的密码体制称为对称密码体制。对称密码体制因为必须要专门传输密钥而存在着密钥泄露的风险。尤其是一次一密中密钥的长度不少于明文长度，必须设置专线来传输密钥，在历史上冷战时期的美苏首脑热线曾经采用过这种方式，为此防止密钥专线被窃听和防止热线窃听同样重要。近年来量子通信的兴起，为一次一密密钥传输提供了较好的解决方案。

量子通信与一次一密

量子通信是实现一次一密的系统,传输密文使用的是传统通信信道,而传输密钥使用的是量子信道,也叫密钥分发。量子密钥分发根据所利用量子状态特性的不同,可以分为基于测量和基于纠缠态两种。基于纠缠态的量子通信在传递信息的时候利用了量子纠缠效应,即两个经过耦合的微观粒子,在一个粒子状态被测量时,同时会得到另一个粒子的状态。

量子密钥分发的一个最重要的、也是最独特的性质是:如果有第三方试图窃听密码,则通信的双方便会察觉。这种性质基于量子力学的基本原理:任何对量子系统的测量都会对系统产生干扰。第三方试图窃听密码,必须用某种方式测量它,而这些测量就会带来可察觉的异常。通过量子叠加态或量子纠缠态来传输信息,通信系统便可以检测是否存在窃听。当窃听低于一定标准,一个有安全保障的密钥就可以产生了。

查理斯·贝内特(Charles Bennett)与吉勒·布拉萨(Gilles Brassard)于 1984 年发表的论文中提到的量子密码分发协议,后来被称为 BB84 协议。BB84 协议是最早描述如何利用光子的偏振态来传输消息的。发送者(通常称为 Alice)和接收者(通常称为 Bob)用量子信道来传输量子态。如果用光子作为量子态载体,对应的量子信道可以是光纤。

协议的运行流程总结如下:

0. 首先,Alice 和 Bob 共享两个极化基(photom polorization bases) D 和 R。

D 和 R 可以被理解为两台"机器",它们都能各自生成和测量对应 0、1 的量子比特(quantum bit,qbit),如图 5.2.1 所示。

另一个关键就是,如果将 D 生成 qbit 给 R 进行测量,测量结果不可预测。也就是说,如果用 R 来测量由 D 生成的 Qbit,测量结果的意义就和直接猜差不多。

接下来开始做密钥协商,通信首先是在量子信道上进行的。

1. Alice 选出一个 0-1 bit 串 S。

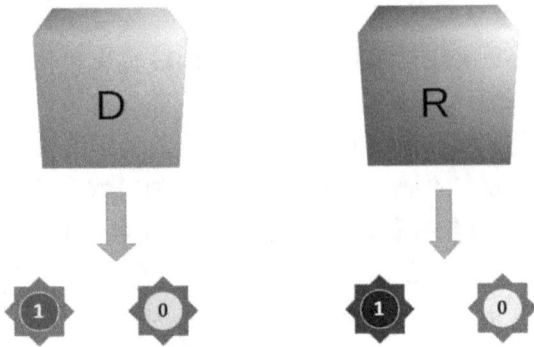

图 5.2.1　共享极化基

2. Alice 逐位随机选取 D 或 R，然后通过量子信道发送 S 里 0、1 对应生成的量子态（qbit）。

3. Bob 通过量子信道收到 Alice 发送的信息后，随机使用两个极化基 D 和 R 来一位一位地测量量子态，逐个得到 0、1。

（其后的步骤 4～7 都是在我们今天使用的经典通信信道上进行。而公共信道就代表此时如果没有别的保护，攻击者完全可以窃听并修改会话内容。）

4. Bob 通过公共信道向 Alice 发送部分自己的测量步骤，即告诉 Alice 自己在每个 qbit 上用的到底是 D 还是 R 来做测量。

5. Alice 对比自己的选择和 Bob 的选择，然后告诉 Bob 他在哪些位置上用的 D 和 R 是正确的。

这些正确位置在 S，即 Alice 先选择的串中，唯一确定了另一个 0-1 bit 串，不妨称之为 pms，类似 TLS 的 pre-master secret。

6. Bob 收到 Alice 的回应后，随机选择若干个他在正确位上的测量结果告知 Alice。

7. Alice 确认 Bob 的正确性。如果 Bob 出错，则回到第 1 步，或者终止通信，否则 Alice 给 Bob 发确认信息，同时从 pms 串中剔除 Bob 公布的部分，剩下的作为通信密钥。

8. Bob 收到 Alice 的确认信息后，同样从 pms 中剔除 Bob 公布的部分，剩下的作为通信密钥。

　　量子密钥分发的安全性基于量子力学的基本原理，而传统密码学是基于某些数学算法的计算复杂度。传统密码学无法察觉窃听，也就无法保证密钥的安全性。量子密钥分发的安全性是可以依据信息论证明的，而且它还具有前向安全性。量子密钥分发只用于产生和分发密钥，并没有传输任何实质的消息。密钥可用于某些加密算法来加密消息，加密过的消息可以在标准信道中传输。在实际的运用上，量子密钥分发常常被拿来与对称密钥加密的加密方式如 AES 这类算法一同使用。下面介绍常用的对称密钥方法AES 和 DES。

DES

　　DES(Data Encryption Standard，数据编码标准)是一类分组对称密钥算法。DES 涉及的运算主要包括移位和循环移位、置换、扩展、压缩、异或和迭代。移位和循环移位跟计算机对整数的左移右移运算不同，它是保持所有比特位的移位，例如 01101101 左移 1 位就变成 11011010，其中最高位的 0 循环到最低位；置换就是将特定的位换作其他数值；扩张就是增加位数，而压缩正好相反，位数变短；异或就是如前文所提；而迭代表示这些运算可以反复多次进行。

　　DES 使用一个 56 位的密钥以及附加的 8 位奇偶校验位(即每个字节最后一位为奇偶校验)，产生最大 64 位的分组大小。主要思想是将加密的文本块分成两半。使用子密钥对其中一半应用循环功能，然后将输出与另一半进行"异或"运算；接着交换这两半，这一过程会继续下去，但最后一个循环不交换。

　　DES 加密的算法框架如下：

　　首先要生成一套加密密钥，从用户处取得一个 64 位长的密码口令，然后通过等分、移位、选取和迭代形成一套 16 个加密密钥，分别供每一轮运算中使用。

　　DES 对 64 位(bit)的明文分组 M 进行操作，M 经过一个初始置换(IP)，置换成 m_0。将 m_0 明文分成左半部分和右半部分，$m_0 = (L_0,$

R_0），各 32 位长。然后进行 16 轮完全相同的运算（迭代），这些运算被称为函数 f，在每一轮运算过程中数据与相应的密钥结合。

在每一轮中，密钥位移位，然后再从密钥的 56 位中选出 48 位。通过一个扩展置换将数据的右半部分扩展成 48 位，并通过一个异或操作替代成新的 48 位数据，再将其压缩置换成 32 位。这四步运算构成了函数 f。然后，通过另一个异或运算，函数 f 的输出与左半部分结合，其结果成为新的右半部分，原来的右半部分成为新的左半部分。将该操作重复 16 次。

经过 16 轮迭代后，左、右两半部分合在一起经过一个末置换（数据整理），这样就完成了加密过程。加密流程如图 5.2.2 所示。

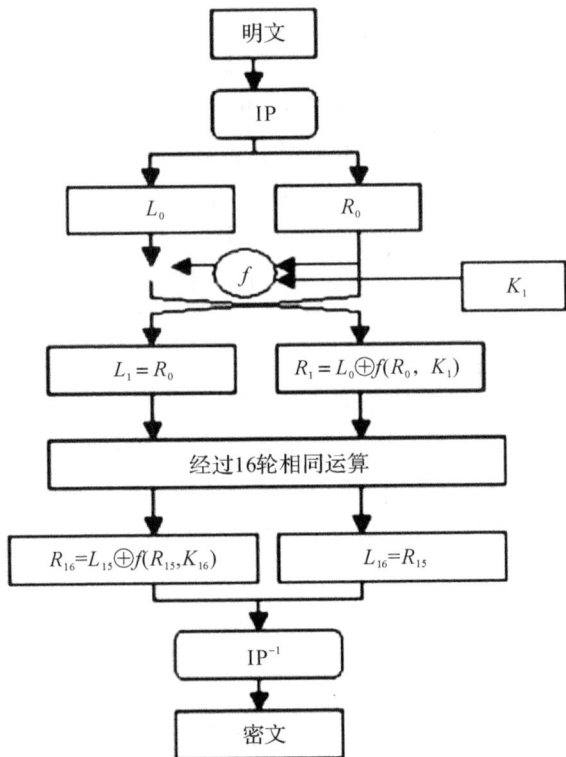

图 5.2.2　DES 运算 Feistel 结构

DES 解密过程和加密使用相同的算法。DES 加密和解密唯一的不同是密钥的次序相反。如果各轮加密密钥分别是 $K_1,K_2,K_3,\cdots,K_{16}$，那么解密密钥就是 $K_{16},K_{15},K_{14},\cdots,K_1$。

DES 的常见变体是 3 DES，是使用 168 位的密钥对资料进行三次加密的一种机制；它通常（但非始终）提供极其强大的安全性。如果三个 56 位的子元素都相同，则三重 DES 向后兼容 DES。3DES 的加解密过程：

3DES 加密过程为：$C=EK_3(DK_2(EK_1(P)))$

3DES 解密过程为：$P=DK_1(EK_2(DK_3(C)))$

其中 K_1、K_2 和 K_3 分别是三个密钥。

AES

高级加密标准（AES），也以其原名 Rijndael 闻名，它是美国国家标准技术研究院（NIST）在 2000 年建立的电子数据加密规范。AES 是由两位比利时密码学家 Vincent Rijmen 和 Joan Daemen 开发的 Rijndael 分组密码的子集，他们在 AES 选择过程中向 NIST 提交了提案。Rijndael 是具有不同密钥和块大小的密码家族。对于 AES，NIST 选择了 Rijndael 系列的三个成员，每个成员的块大小为 128 位，但是具有三个不同的密钥长度：128、192 和 256 位。AES 已被美国政府采用，它取代了 1977 年发布的数据加密标准（DES）。AES 描述的算法是对称密钥算法，意味着同一密钥用于加密和解密数据。

美国 NIST 在 2001 年 11 月 26 日宣布 AES 的美国 FIPS PUB 197（FIPS 197）公告。该公告遵循了为期五年的标准化流程，其中提出了 15 个竞争性设计并进行了评估，然后才选择 Rijndael 密码为最合适的密码。AES 包含在 ISO / IEC 18033-3 标准中。在获得美国商务部长批准后，AES 于 2002 年 5 月 26 日作为美国联邦政府标准生效。AES 有许多不同的加密软件包可用，并且是在美国国家安全局（NSA）批准用于 NSA 批准的加密模块中的最高机密信息的第一个（也是唯一的）公开密码。

不同于 DES 的运算结构，AES 主要依赖 SP 网络，如图 5.2.3 所示。这样的结构将明文和密钥的块作为输入，并应用替换框（S-box）和置换框（P-box）的多个交替的"回合"或"层"以产生密文块。S 盒和 P 盒将输入位的（子）块转换为输出位。这些转换通常是在硬件中高效执行的操作，例如互斥或（XOR）和按位旋转。在每个回合中引入密钥，通常以从其派生的"回合密钥"的形式进行。（在某些设计中，S 盒本身取决于密钥。）通过简单地逆转过程即可完成解密（使用 S 盒和 P 盒的倒数，并以相反的顺序应用回合密钥）。

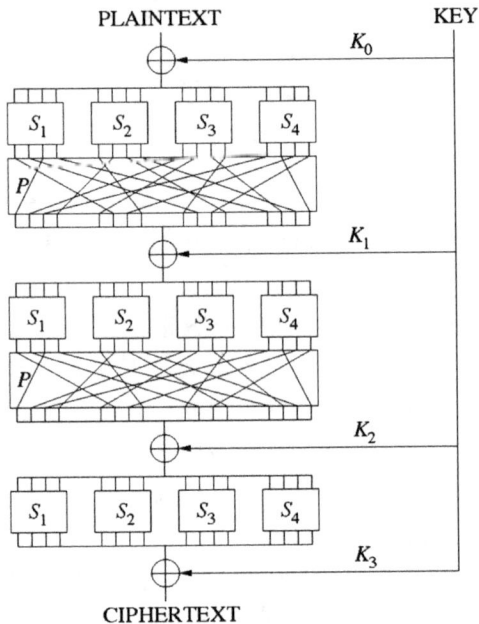

图 5.2.3　AES 运算 SP 结构

　　一个 S 盒用另一个位块（S 盒的输出）替换一小块位（S 盒的输入）。这种替换应该是一对一的，以确保可逆性（因此解密）。特别是，输出的长度应与输入的长度相同（图 5.2.3 中的 S 盒具有 4 个输入和 4 个输出位），通常不同于 S 盒，后者也可能会发生变化长度，例如 DES（数据加密标准）中的长度。S 盒通常不只是位的排列。一个好的 S 盒将具有以下特性：更改一个输入位将更改大约一半的输出位(或雪崩效应)。它还具有以下属性:每个输出位将取决于每个输入位。一个 P 盒是所有位的排列:它获取一轮所有 S 盒的输出,对这些位进行排列,然后将它们馈送到下一轮的 S 盒中。一个好的 P 盒具有以下特性:任何 S 盒的输出位都分配给尽可能多的 S 盒输入。在每个回合中,回合密钥(通过一些简单的操作(例如,使用 S 盒和 P 盒)从密钥中获得)使用某些组操作(通常为 XOR)进行组合。

一个单独的典型 S 盒或单个 P 盒并没有太多的加密强度:一个 S 盒可以被视为替代密码,而一个 P 盒可以被视为一种转位密码。但是,经过精心设计的 SP 网络具有几轮交替的 S 盒和 P 盒,已经满足了 Shannon 的混淆和扩散特性。

扩散的原因如下:如果将一个纯文本的一位进行更改,则将其送入一个 S 盒,其输出将在几位发生变化,然后所有这些更改由 P 盒分配给多个 S 盒。因此所有这些 S 盒的输出都再次更改了几位,依此类推。做几轮后,每个位来回改变几次,因此,最后密文以伪随机的方式完全改变了。特别是,对于随机选择的输入块,如果将第 i 个位翻转,则对于任何 i 和 j,第 j 个输出位将发生变化的概率约为一半,这是严格的雪崩准则。反之亦然,如果更改了密文的一位,然后尝试对其进行解密,则结果是一条与原始明文完全不同的消息。SP 密码不容易延展。

混淆的原因与扩散的原因完全相同:更改密钥的一位会更改多个回合密钥,并且每个回合密钥中的每个更改都会扩散到所有位,从而以非常复杂的方式更改密文。

即使攻击者以某种方式获得了与一个密文相对应的纯文本(一种已知的明文攻击,或更糟糕的是,一种选择的纯文本或选择的密文攻击),这种混乱和扩散也使攻击者很难恢复密钥。

尽管使用 S 盒的 Feistel 网络(例如 DES)与 SP 网络非常相似,但是在某些情况下还是有一些区别使这更适用。对于给定的混淆和扩散量,SP 网络具有更多的"固有并行性",因此在给定 CPU 具有许多执行单元的情况时可以比 Feistel 网络更快地进行计算。执行单元很少的 CPU(例如大多数智能卡)无法利用这种固有的并行性。

SP 密码也要求 S 盒是可逆的(以执行解密);Feistel 内部函数没有这种限制,可以构造为单向函数。

第三节　非对称密码体制

非对称密码体制又称公私钥密码体制,显然和对称密码体制正好相反,在加解密过程中使用一对不同的密钥。下面通过一个简单的例子来解释非对称密钥的思想。

假设发送方发送明文为十进制数 $x_1 x_2 x_3$,加密算法为 $x_1 x_2 x_3 \otimes 91 = y_1 y_2 y_3$,算符 $\otimes$ 表示普通十进制乘法但结果取最后三位,即密文 $y_1 y_2 y_3$ 为 $x_1 x_2 x_3 \times 91$ 的末三位。例如,$986 \times 91 = 89726$,于是 $986 \otimes 91 = 726$。解密算法为 $y_1 y_2 y_3 \otimes 11 = x_1 x_2 x_3$,例如 $726 \times 11 = 7986$,于是 $726 \otimes 11 = 986$。这个算法的原理是 $91 \times 11 = 1001$。同理,根据 $400000001 = 19801 \times 20201$ 可以构造 8 位十进制明文的加密算法;而根据

$$4\underbrace{00\cdots01}_{29\ zeros} = 1199481995446957 \times 3334772856269093$$

则可以构造 30 位十进制明文的加密算法。在这个例子里 $(91, 11)$、$(19801, 20201)$,$(1199481995446957, 3334772856269)$ 可以作为一对对密钥分别用于加密、解密。

在现代密码学中,密码系统的强度不是靠算法的保密,算法可以公开。对称密码体制依赖于密钥的长度,而对非对称钥体制来说,系统的强度取决于知道一个密钥破解另一个密钥的难度。在上面的例子中,如果算法公开,那么根据加解密的处理规格,例如处理 8 位明文,则在知道 20201 时,不难通过遍历 100000001、200000001、……、900000001 中找出含有因子 20201 的数 400000001,然后得到另一个密钥 19801。可见,这个例子算法的强度是有限的。

非对称密码可用于数据加密和数字签名。数据加密的应用情形如图 5.3.1 所示。

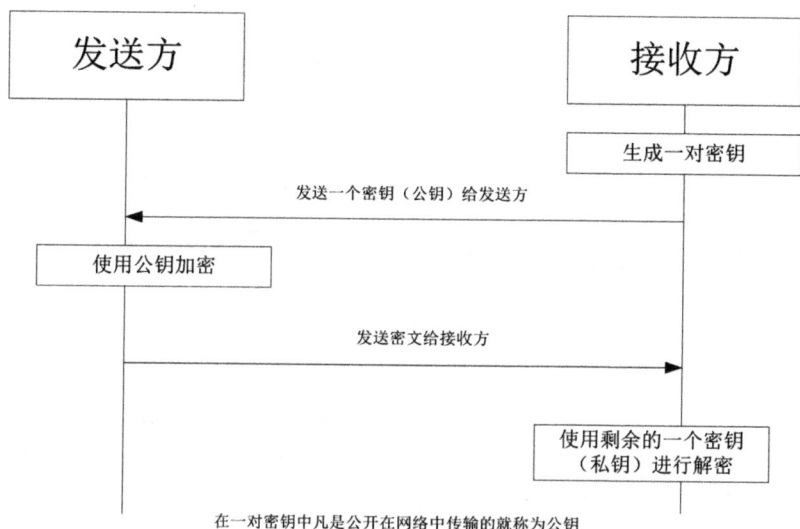

图 5.3.1　公私钥密码体制的数据加密使用情形

在图 5.3.1 中,发送方的加密密钥是接收方事先发送的,此时并不如对称密码体制那样"担忧"密钥在传输过程中失泄。因为密钥可以公开传输,任何第三方即使知道了也"无济于事"(该密钥只能用于加密,无法用于解密,并且由该密钥无法获得另一个密钥);而真正用于解密的另一个密钥(私钥)是不需要对外传输的,接收方只要依赖本地的解密密钥进行密文的解密。在这个例子中如果是双工通信,那么需要发送方也要生成一对密钥,并发送供接收方加密的公钥,这一侧跟图示的情形是完全对称的。另一种方式为验证数据真实性的数字签名,原理图如图 5.3.2 所示。

此时,发送方公开的密钥用来任何接收方均可以验证文件的真伪,任何第三方想伪造签名必须要知道私钥,而私钥是不发送的。换言之,公钥只用于验证签名却无法伪造签名。在实际工程应用时,首先对待加密文件使用哈希处理生成一段摘要,然后使用私钥对摘要进行加密。因而这种数字签名既可以解决数据的不可抵赖性(签名真实性),又可以解决数据完整性,因为哈希处理使得摘要保证了对

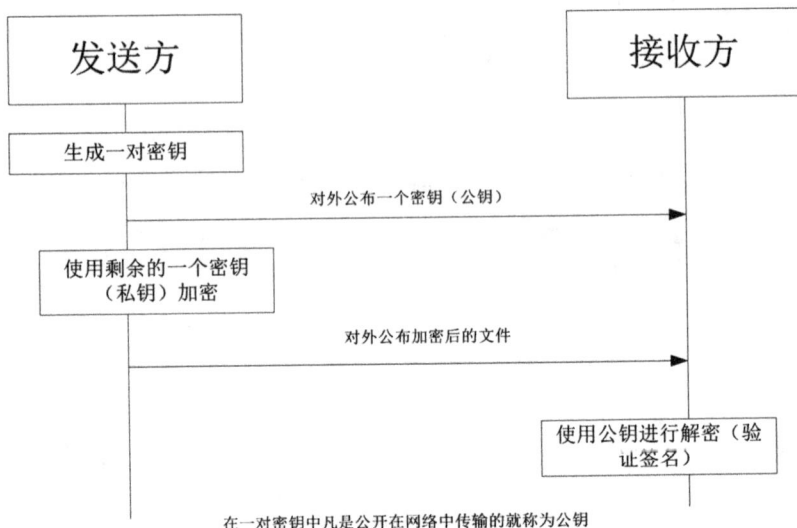

在一对密钥中凡是公开在网络中传输的就称为公钥

图 5.3.2　公私钥密码体制的数字签名使用情形

应的文件的整体完整。

公私钥体制中,在算法公开的情形下,由一个密钥得到另一个密钥的难度取决于"单向函数"的单向程度。在上面的例子,如果算法公开,那么由 20201 计算出另一密钥 19801 的难度决定了单向函数的单向程度。下面使用信息熵工具引入单向信道的概念,并证明公私钥密码体制的安全性取决于单向函数。

定义　单向信道:如果互信息熵 $I(X;Y)$ 分别从 $H(X)-H(X|Y)$ 或者 $H(Y)-H(Y|X)$ 计算得到一个值为零,另外一个值非零,则称随机变量 X 和 Y 之间的处理过程为单向信道。

定理　非对称密钥体制单向信道　X、Y 为随机变量,X 为明文,Y 为密文。k_1、k_2 为一对密钥,且 $Y=f(X,k_1)$,$X=g(Y,k_2)$,f、g 为已知函数。f、g 是单向函数,即通过 Y 和 k_1 无法计算 X,通过 X 和 k_2 无法计算 Y。当密钥 k_1 和 k_2 有且仅有其一公开时,则随机变量 X 和 Y 之间的信道是单向信道。

证　当 k_1 公开,k_2 不公开时,$H(Y)-H(Y|X)=H(Y)\neq0$,而

$H(X)-H(X|Y)=0$；当 k_1 不公开、k_2 公开时，$H(Y)-H(Y|X)=0$ 而 $H(X)-H(X|Y)=H(X)\neq0$；根据定义知随机变量 X 和 Y 之间的信道是单向信道。证毕。

该定理说明在非对称密码系统里，随机变量 X 和 Y 之间的信道的一个方向的容量为零，为一个"单工"信道，给出非对称密码系统的信道容量取决于单向函数。

由于非对称密码加解密计算较耗资源，在工程应用中通常和对称密码体制结合使用。其核心思想是使用公私钥体制加密对称密钥，然后再利用对称密钥进行通信数据加密。如图 5.3.3 给出了一个应用案例。

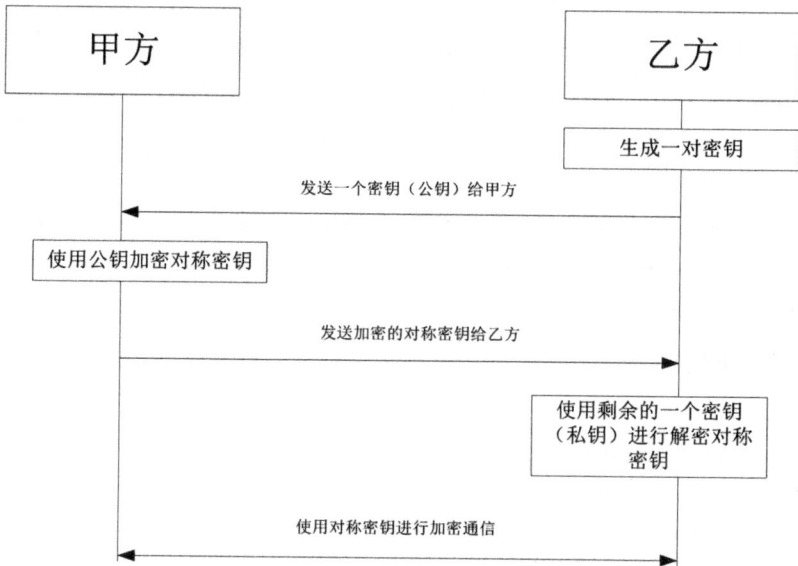

图 5.3.3　非对称密钥和对称密钥结合使用的案例

第四节　RSA 密码

RSA 加密算法是一种非对称加密算法，在公开密钥加密和电子商业中被广泛使用。RSA 是由罗纳德·李维斯特（Ron Rivest）、阿迪·萨莫尔（Adi Shamir）和伦纳德·阿德曼（Leonard Adleman）在 1977 年一起提出的。当时他们三人都在麻省理工学院工作。RSA 就是他们三人姓氏开头字母拼在一起组成的。1973 年，在英国政府通信总部工作的数学家克利福德·柯克斯（Clifford Cocks）在一个内部文件中提出了一个与之等效的算法，但该算法被列入机密，直到 1997 年才得到公开。对极大整数做因数分解的难度决定了 RSA 算法的可靠性。换言之，对一极大整数做因数分解愈困难，RSA 算法愈可靠。假如有人找到一种快速因数分解的算法的话，那么用 RSA 加密的信息的可靠性就会极度下降。但找到这样的算法的可能性是非常小的。今天只有短的 RSA 钥匙才可能被强力方式破解。到目前为止，世界上还没有任何可靠的攻击 RSA 算法的方式。只要其钥匙的长度足够长，用 RSA 加密的信息实际上是不能被破解的。

当两个整数除以同一个正整数，若得相同余数，则两整数同余。最先引用同余的概念与"≡"符号者为德国数学家高斯。两个整数 a、b，若它们除以正整数 m 所得的余数相等，则称 a、b 对于模 m 同余，记作 $a \equiv b \pmod m$，读作 a 同余于 b 模 m，或读作 a 与 b 关于模 m 同余。比如 $26 \equiv 14 \pmod{12}$。

同余的性质

1. $a \equiv b \pmod m \Rightarrow m \mid (a-b)$

2. $\left. \begin{array}{l} a \equiv b \pmod m \\ b \equiv c \pmod m \end{array} \right\} \Rightarrow a \equiv c \pmod m$

3. $\left. \begin{array}{l} a \equiv b \pmod m \\ c \equiv d \pmod m \end{array} \right\} \Rightarrow \left\{ \begin{array}{l} a \pm c \equiv b \pm d \pmod m \\ ac \equiv bd \pmod m \end{array} \right.$

特别的，有 $a \equiv b \pmod m \Rightarrow a \pm c \equiv b \pm c \pmod m$ 以及

$a \equiv b \pmod m \Rightarrow \left\{ \begin{array}{l} an \equiv bn \pmod m, \forall n \in \mathbf{Z} \\ a^n \equiv b^n \pmod m, \forall n \in \mathbf{N}^0 \end{array} \right.$

4. $(km \pm a)^n \equiv (\pm a)^n \pmod m$

5. $a \equiv b \pmod m \Leftrightarrow ka \equiv kb \pmod{km}$

6. 正整数 k 与 m 互素，$ka \equiv kb (\mathrm{mod}\ m) \Rightarrow a \equiv b(\mathrm{mod}\ m)$

7. $\left.\begin{array}{l} a \equiv b(\mathrm{mod}\ m_1) \\ a \equiv b(\mathrm{mod}\ m_2) \\ \vdots \\ a \equiv b(\mathrm{mod}\ m_n) \\ n \geqslant 2 \end{array}\right\} \Rightarrow a \equiv b(\mathrm{mod}[m_1, m_2, \cdots, m_n])$

几个同余定理

1. 威尔逊定理：p 是素数，$(p-1)! \equiv -1(\mathrm{mod}\ p)$。

证明 对任意 i，满足 $2 \leqslant i \leqslant p-2$，有 $(i, p)=1$，于是 $f \cdot i + gp = 1$，即 $f \cdot i \equiv 1(\mathrm{mod}\ p)$，而 $f \neq 1(\mathrm{mod}\ p)$ 或 $f \neq p-1(\mathrm{mod}\ p)$，从而 $(p-2) \cdot (p-3) \cdots 2 \equiv 1(\mathrm{mod}\ p)$，又 $p-1 \equiv -1\ (\mathrm{mod}\ p)$，所以 $(p-1)! \equiv -1(\mathrm{mod}\ p)$。

2. 费马小定理：若 a 与 p 互素，则 $a^{p-1} \equiv 1(\mathrm{mod}\ p)$。

证明 考虑 $a, 2a, \cdots, (p-1)a$ 为互不相同的数，所以 $a \cdot 2a \cdot \cdots \cdot (p-1)a = (p-1)!\ a^{p-1} \equiv (p-1)!\ (\mathrm{mod}\ p)$，得 $a^{p-1} \equiv 1(\mathrm{mod}\ p)$。

3. 欧拉定理：n 与 a 互素，记 $\varphi(n)$ 为与 n 互素的小于 n 的数的数目，则 $a^{\varphi(n)} \equiv 1(\mathrm{mod}\ n)$

证明 设 $t_1, t_2, \cdots, t_{\varphi(n)}$ 为小于 n 且与 n 互素的数，则 $t_1 a, t_2 a, \cdots, t_{\varphi(n)}a$ 为互不相同的与 n 互素的数，于是 $t_1 a \cdot t_2 a \cdot \cdots \cdot t_{\varphi(n)} a = t_1 \cdot t_2 \cdot \cdots \cdot t_{\varphi(n)} a^{\varphi(n)} \equiv t_1 \cdot t_2 \cdot \cdots \cdot t_{\varphi(n)} (\mathrm{mod}\ n)$，得 $a^{\varphi(n)} \equiv 1(\mathrm{mod}\ n)$。

RSA 密码原理

先引入一个引理。

引理 设 p、q 为两个素数，令 $N = pq$，则 $\varphi(N) = (p-1)(q-1)$。

证明 不与 N 互素且小于 N 的数有 $p, 2p, \cdots, (q-1)p; q, 2q, \cdots, (p-1)q$。则 $\varphi(N) = pq - 1 - (q-1) - (p-1) = (p-1)(q-1)$。

RSA 密码算法是首先设定一对密钥，随机取 e 满足 $1 < e < \varphi(N)$ 且 e 与 $\varphi(N)$ 互素，计算 e 对 $\varphi(N)$ 的模逆元 d，即 $e \cdot d \equiv 1(\mathrm{mod}\ \varphi(N))$。RSA 公钥为 (e, N)，私钥为 (d, N)。明文 $x < N$，则加密得到密文 $m = x^e(\mathrm{mod}\ N)$，解密公式为 $x = m^d(\mathrm{mod}\ N)$。

算法的原理证明:只要证明 $x \equiv m^d \pmod{N} \equiv x^{ed} \pmod{N}$。因为 $e \cdot d \equiv 1 \pmod{\varphi(N)}$,则 $e \cdot d = 1 + k(p-1)(q-1)$,于是只要证明 $x^{k(p-1)(q-1)} \pmod{N} \equiv 1$。

首先当 x 与 N 互素时,由欧拉定理 $(x^{k(p-1)})^{(q-1)} \pmod{q} \equiv 1$,且 $(x^{k(q-1)})^{(p-1)} \pmod{p} \equiv 1$,又由同余性质 7,得 $x^{k(p-1)(q-1)} \pmod{N} \equiv 1$。

其次不妨设 $p \mid x$,但 q 不整除 x。即 $x = pi, 1 \leqslant i \leqslant q-1$。此时不满足加解密明文的恢复,如上必须要使得 $(pi)^{k(p-1)(q-1)} \pmod{pq} \equiv 1$ 成立才能让明文恢复。那么,$(pi)^{k(p-1)(q-1)} = pf$,另外一方面,$pf = qt+1$(即 $(pi)^{k(p-1)(q-1)} \pmod{q} \equiv 1$),设 $t = ph+v$,如果 $v=0$,则 $pf = qph+1$ 矛盾,所以 $p > v > 0$。于是 $pf = qph + qv + 1$,所以 $(pi)^{k(p-1)(q-1)} \pmod{pq} \equiv qv+1$。可见此时加解密失效。

另,$p \mid x$,则 $(x, N) = p$,通过辗转相除法求出 p,再通过 $q = N/p$ 求出 q,则整个密钥就已经破译。碰到这种情况的概率是

$$1 - \frac{\varphi(N)}{N-1} = \frac{p+q-2}{pq-1} < \frac{2 \cdot \max\{p,q\}}{\min\{p^2,q^2\}}$$

$$= 2 \cdot \frac{\max\{p,q\}}{\min\{p,q\}} \cdot \frac{1}{\min\{p,q\}}$$

这个概率值非常低。

几个算例

1. 明文 $m = 85, e = 7, p = 11, q = 13$ 说明使用 RSA。

解 $N = pq = 11 \times 13 = 143, \varphi(N) = (p-1)(q-1) = 10 \times 12 = 120$ 由 $7 \times d \equiv 1 \pmod{120}$,得到 $d = 103$。

公钥 $(e, N) = (7, 143)$,加密 $c = m^e \pmod{N} = 85^7 \bmod 143 = 123$

私钥 $(d, N) = (103, 143)$,解密 $m = c^d \pmod{N} = 123^{103} \bmod 143 = 85$

2. 公钥 $(e, N) = (7, 15)$,求明文 $m = 3$ 时密文 c。

解 $N = 15 = 3 \times 5$ 则 $\varphi(N) = 2 \times 4 = 8$,由 $e \times d \equiv 1 \pmod{8} = 7d$,得到 $d = 7, c = m^e = 3^7 \bmod 15 = 12$。

第五节　TOY 级非对称密码

密钥设计原理

引入记号 $z_N z_{N-1} \cdots z_2 z_1$ 表示一 N 位的整数,其中 z_i 为 $0,1,2,$ $\cdots,9$（$\forall 1 \leqslant i \leqslant N$）的任意数字,即

$$z_N z_{N-1} \cdots z_2 z_1 = \sum_{i=1}^{N-1} z_i \cdot 10^{i-1} \tag{5.5.1}$$

对任意 $1 \leqslant 2k+1 \leqslant N$,显然有拆分 $z_N z_{N-1} \cdots z_2 z_1 = z_N z_{N-1} \cdots z_{2k+2} \cdot 10^{2k+1}$ $+ z_{2k+1} z_{2k} \cdots z_2 z_1$（对 $2k+1=N$,有 $z_N z_{N-1} \cdots z_{2k+2}=0$）。再引入取该整数末 $2k+1$ 位数的记号,即 $\underline{z_N z_{N-1} \cdots z_2 z_1} = z_{2k+1} z_{2k} \cdots z_2 z_1$,其中假设 $N \geqslant 2k+1$,k 为任意大于等于零的整数。

引理 1. 设正整数 a、b、k,则高斯取整函数满足性质 $\left[\dfrac{a \cdot b}{10^k}\right] \geqslant$ $\left[\dfrac{a}{10^k}\right] \cdot b$。

证明： 设 $a = \sum_{i=0}^{A} a_i \cdot 10^i$,$b = \sum_{i=0}^{B} b_i \cdot 10^i$,其中 A、B 为非负整数,于是 $a \cdot b = \sum_{i+j=0}^{i+j=A+B}(a_i b_j)10^{i+j}$,$\left[\dfrac{a \cdot b}{10^k}\right] = \sum_{i+j=k}^{i+j=A+B}(a_i b_j)10^{i+j-k}$。而 $\left[\dfrac{a}{10^k}\right] \cdot b = \sum_{i=k}^{A} a_i \cdot 10^{i-k} \cdot \sum_{i=0}^{B} b_i \cdot 10^i = \sum_{i \geqslant k, i+j=k}^{i+j=A+B}(a_i b_j)10^{i+j-k}$。对于每个固定的幂次 $i+j-k$,均有 $\sum_{i+j \geqslant k} a_i b_j \geqslant \sum_{i \geqslant k} a_i b_j$（因为 $i \geqslant k \Rightarrow i+j \geqslant k$,故右边的组合选项少于左边）,例如对于 $i+j-k=2$,左边为 $(a_0 b_{k+2} + \cdots + a_k b_2 + a_{k+1} b_1 + a_{k+2} b_0)$,右边为 $(a_k b_2 + a_{k+1} b_1 + a_{k+2} b_0)$。故 $\left[\dfrac{a \cdot b}{10^k}\right] \geqslant \left[\dfrac{a}{10^k}\right] \cdot b$。

引理 2. 低位保持原理。设整数 u、v、a 的乘积为 N 位整数,u、a 乘积为 M 位整数,v、a 乘积为 T 位整数,即

$$uva = z_N z_{N-1} \cdots z_2 z_1 \tag{5.5.2}$$

$$ua = x_M x_{M-1} \cdots x_2 x_1 \qquad\qquad (5.5.3)$$

$$va = y_T y_{T-1} \cdots y_2 y_1 \qquad\qquad (5.5.4)$$

并且 $N \geqslant 2k+1, M \geqslant 2k+1$ 以及 $M \geqslant 2k+1, k$ 为某确定的正整数。则有

$$\underline{uva} = \underline{uav} = \underline{vau} \qquad\qquad (5.5.5)$$

证明：首先由式(5.5.2)得

$$\underline{uva} = z_{2k+1} z_{2k} \cdots z_2 z_1 \qquad\qquad (5.5.6)$$

由式(5.5.3)得到

$$\underline{ua} = x_{2k+1} x_{2k} \cdots x_2 x_1 \qquad\qquad (5.5.7)$$

于是

$$
\begin{aligned}
\underline{uav} &= x_{2k+1} x_{2k} \cdots x_2 x_1 \cdot v \\
&- (x_M x_M \cdots x_{2k+2} x_{2k+1} x_{2k} \cdots x_2 x_1 - x_M x_M \cdots x_{2k+2} \cdot 10^{2k+1}) \\
&\cdot v \\
&= x_M x_M \cdots x_{2k+2} x_{2k+1} x_{2k} \cdots x_2 x_1 \cdot v - x_M x_M \cdots x_{2k+2} \cdot \\
&\quad 10^{2k+1} \cdot v \\
&= uav - x_M x_M \cdots x_{2k+2} \cdot 10^{2k+1} \cdot v \\
&= z_N z_{N-1} \cdots z_2 z_1 - x_M x_M \cdots x_{2k+2} \cdot 10^{2k+1} \cdot v \\
&= z_N z_{N-1} \cdots z_{2k+3} z_{2k+2} \cdot 10^{2k+1} + z_{2k+1} z_{2k} \cdots z_2 z_1 - x_M x_M \\
&\quad \cdots x_{2k+2} \cdot 10^{2k+1} \cdot v \\
&= (z_N z_{N-1} \cdots z_{2k+3} z_{2k+2} - x_M x_M \cdots x_{2k+2} \cdot v) \cdot 10^{2k+1} + \\
&\quad z_{2k+1} z_{2k} \cdots z_2 z_1
\end{aligned}
$$

又根据引理 1 得 $z_N z_{N-1} \cdots z_{2k+3} z_{2k+2} = \left[\dfrac{uav}{10^{2k+1}}\right] \geqslant \left[\dfrac{ua}{10^{2k+1}}\right] v = x_M x_M \cdots x_{2k+2} \cdot v$, 所以

$$\underline{uav} = z_{2k+1} z_{2k} \cdots z_2 z_1 \qquad\qquad (5.5.8)$$

类似的

$$
\begin{aligned}
\underline{vau} &= y_{2k+1} y_{2k} \cdots y_1 \cdot u \\
&= y_T y_{T-1} \cdots y_{2k+2} y_{2k+1} y_{2k} \cdots y_1 \cdot u - y_T y_{T-1} \cdots \\
&\quad y_{2k+2} \cdot 10^{2k+1} \cdot u \\
&= vau - y_T y_{T-1} \cdots y_{2k+2} \cdot 10^{2k+1} \cdot u
\end{aligned}
$$

$$= z_N z_{N-1} \cdots z_2 z_1 - y_T y_{T-1} \cdots y_{2k+2} \cdot 10^{2k+1} \cdot u$$

$$= z_N z_{N-1} \cdots z_{2k+3} z_{2k+2} \cdot 10^{2k+1} + z_{2k+1} z_{2k} \cdots z_2 z_1 -$$

$$y_T y_{T-1} \cdots y_{2k+2} \cdot 10^{2k+1} \cdot u$$

$$= (z_N z_{N-1} \cdots z_{2k+3} z_{2k+2} - y_T y_{T-1} \cdots y_{2k+2} \cdot u) \cdot 10^{2k+1} +$$

$$z_{2k+1} z_{2k} \cdots z_2 z_1$$

根据引理 1 得到

$$\underline{vau} = z_{2k+1} z_{2k} \cdots z_2 z_1 \tag{5.5.9}$$

由式(5.5.6)、(5.5.8)、(5.5.9)得式(5.5.5)的结论。证毕。

该引理说明任意三个整数乘积的末连续几位的数字可以由仅仅取中间结果的末连续几位来乘积得到,而根据整数乘法满足交换律,中间结果有两种可能形式,均符合这种性质。我们称这种性质为低位保持原理,很明显多于三个数的乘积也满足这种原理。

定理 2. 加密解密原理。设 $x_{2k+1} \cdots x_2 x_1$ 为位数 $2k+1$ 的数字串,其中 $x_j = 0, 1, 2, \cdots, 9$; $\forall j = 1, 2, \cdots 2k+1, k$ 为某确定的正整数。令整数 $t \geqslant 1$,根据

$$(t^{2k+1} 10^{2k+1} + 1) = [(10t)^{2k+1} + 1]$$

$$= (10t + 1)[(10t)^{2k} - (10t)^{2k-1} + \cdots - (10t) + 1]$$

$$= (10t + 1)\left\{ \sum_{i=0}^{2k} (-1)^i (10t)^{2k-i} \right\} \tag{5.5.10}$$

则可令 $v = 10t + 1, u = \sum_{i=0}^{2k} (-1)^i (10t)^{2k-i}$ 为一对密钥,即

$$\underline{x_{2k+1} \cdots x_2 x_1 \cdot v \cdot u} = \underline{x_{2k+1} \cdots x_2 x_1}$$

$$= \underline{x_{2k+1} \cdots x_2 x_1 \cdot u \cdot v} \tag{5.5.11}$$

证明: 由引理 1 得

$$\underline{x_{2k+1} \cdots x_2 x_1 \cdot v \cdot u} = \underline{x_{2k+1} \cdots x_2 x_1 \cdot u \cdot v}$$

$$= \underline{x_{2k+1} \cdots x_2 x_1 \cdot u \cdot v} \tag{5.5.12}$$

而根据式(10)得到

$$x_{2k+1} \cdots x_2 x_1 \cdot u \cdot v = x_{2k+1} \cdots x_2 x_1 \cdot (t^{2k+1} 10^{2k+1} + 1)$$

$$= x_{2k+1} \cdots x_2 x_1 \cdot t^{2k+1} \cdot 10^{2k+1} + x_{2k+1} \cdots x_2 x_1 \tag{5.5.13}$$

由式（5.5.13)得到

$$x_{2k+1}\cdots x_2 x_1 \cdot u \cdot v = x_{2k+1}\cdots x_2 x_1 \qquad (5.5.14)$$

由式(5.5.12)、(5.5.14)得到结论式(5.5.11)。证毕。

在定理2中，密钥 $v=10t+1$ 如果公开，不难得到整数 t，如此也不难得到 $u=\sum_{i=0}^{2k}(-1)^i(10t)^{2k-i}$。因此将 $v=10t+1$ 固定作为私钥，而 $u=\sum_{i=0}^{2k}(-1)^i(10t)^{2k-i}$ 固定作为公钥，这就是文题"公私角色固定"的由来。后文将详细分析由公钥 $u=\sum_{i=0}^{2k}(-1)^i(10t)^{2k-i}$ 破解出 t 的难度，我们将证明当 t 为一个大数时，该密钥的安全程度等同于RSA算法的安全性。在定理中 $x_{2k+1}\cdots x_2 x_1$ 视作明文（明文块长度为 $2k+1$ 位十进制数），而 $\underline{x_{2k+1}\cdots x_2 x_1 \cdot u}$ 视作密文，$x_{2k+1}\cdots x_2 x_1 \cdot u \cdot v$ 为解密运算，$\underline{x_{2k+1}\cdots x_2 x_1 \cdot u \cdot v}$ 为解密结果；而 $\underline{x_{2k+1}\cdots x_2 x_1 \cdot v}$ 可视作数字签名，$\underline{x_{2k+1}\cdots x_2 x_1 \cdot v \cdot u}$ 为数字签名的验证，如图5.5.1所示。当 t 为一个大数时，上述加密解密运算主要涉及大数乘法。

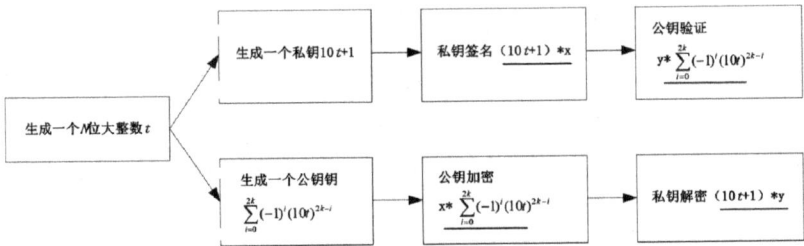

图 5.5.1　公私角色固定的非对称密钥的应用

密钥安全性分析

在前述公钥 $u=\sum_{i=0}^{2k}(-1)^i(10t)^{2k-i}$ 如能得出 t，那么密钥的安全性就已经破解，根据式(5.5.10)破解方式可以理解为求关于以 t 为未知数的高次整系数代数方程

$$(10t)^{2k}-(10t)^{2k-1}+\cdots-(10t)+1-U=0 \qquad (5.5.15)$$

的整数根,方程(5.5.15)的 U 即为公钥数字,可视作一已知整数。假设 $10^{N-1} \leqslant t < 10^N$,即 t 为 N 位整数($N > 1$),那么可以从两个角度分析破解公钥的难度与 t 的位数的关系。

首先,根据代数方程实根存在性的笛卡尔符号原理,当

$$\{(10t_1)^{2k} - (10t_1)^{2k-1} + \cdots - (10t_1) + 1 - U\} \cdot$$

$$\{(10t_2)^{2k} - (10t_2)^{2k-1} + \cdots - (10t_2) + 1 - U\} < 0$$

$$(5.5.16)$$

时,在 t_1 和 t_2 之间至少有一实根。而 t 又是整数,所以可以遍历所有可能的 $t-0.5$ 与 $t+0.5$ 的函数值符号差异就能确定整数根。例如,考察 $(10t)^{2k} - (10t)^{2k-1} + \cdots - (10t) + 1 - U$ 在所有这些数对 $\{10^{N-1} - 0.5, 10^{N-1} + 0.5\}, \{10^{N-1} + 0.5, 10^{N-1} + 1.5\}, \cdots, \{10^N - 1.5, 10^N - 0.5\}$ 的符号差异情况。这些数对的总数目是 $9 \cdot 10^{N-1}$,而计算 $(10t)^{2k} - (10t)^{2k-1} + \cdots - (10t) + 1 - U$ 在每个数的取值至少需要 $2k$ 次浮点乘法(忽略加法消耗),因此总的乘法运算次数是 $18k \cdot 10^{N-1}$。

另外一个角度是因式分解。考虑

$$(10t)^{2k} - (10t)^{2k-1} + \cdots - (10t) = U - 1 \qquad (5.5.17)$$

先估计 $U-1$ 的数值范围:

$$\begin{aligned} U - 1 &= [(10t)^{2k} - (10t)^{2k-1}] + [(10t)^{2k-2} - (10t)^{2k-3}] \\ &\quad + \cdots + [(10t)^2 - (10t))] \\ &> [(10t)^{2k} - (10t)^{2k-1}] \\ &= (10t)^{2k-1}(10t - 1) > 9 \cdot (10t)^{2k-1} \\ &\geqslant 9 \cdot 10^{(2k-1)N} \end{aligned}$$

$$(5.5.18)$$

其次,式(5.5.17)中 t 值是 $U-1$ 的因子,故对 $U-1$ 进行因式分解,再在因式分解基础上确定 t。而 $U-1$ 的因式分解至少需要 $\sqrt{U-1}$ 次整除运算,由式(5.5.18)得

$$\sqrt{U-1} \geqslant 3 \cdot 10^{(k-1/2)N} \qquad (5.5.19)$$

又如果由 t 为 N 位整数,而从 $10^{N-1} \leqslant t < 10^N$ 里遍历尝试整除 $U-1$ 的数,整除运算的平均次数也要 $(9/2) \cdot 10^{N-1}$ 次。

那么,密钥安全性可以总结为破解公钥 u 大致需要 $18k \cdot 10^{N-1}$ 次浮点乘法运算,或者至少需要 $(9/2) \cdot 10^{N-1}$ 次整除运算。以当今世界上峰速 200 pflops 的超算为例,如果定义大数 t 的位数 $N=150$,那么破解公钥 u 大致需要 10^{132} 秒,至少相当于 10^{124} 年,而地球迄今的年龄才 4.6×10^9 年。

与 RSA 密码的比较

首先一个重要的不同是密钥生成的难易程度的差异,都在使用大数运算前提下,RSA 需要依赖已知两个大素数;其次,RSA 公私密钥对是关于欧拉值模余运算互逆的,当已知一个密钥,求另外一个密钥需要一定的计算,并且涉及的运算次数跟大数有关。而本节算法在密钥生成时,不需要依赖大素数,只要随机生成一个大数即可;并且,私钥计算需要一次简单乘法,公钥计算至多需要 $2k-1$ 次大数乘法,这里 k 是定值,与选定的大数无关。

RSA 至少一个密钥长度与选定的大数数字长短有关,RSA 的明文、密文长度是不对称的;本节算法的私钥长度与选定的大数数字长短有关,公钥长度是选定大数长度的确定的若干倍(与 k 值有关),且本节算法的明文、密文长度是对称的,都是 $2k+1$ 位十进制。在加密解密运算方面,RSA 一般需要多次乘法和大数模余,运算次数和密钥长度有关;而本节算法加密解密各只需要一次大数乘法。表 5.5.2 总结了本节算法与 RSA 比较的分析。

表 5.5.2　本节算法与 RSA 的比较

	密钥生成	密钥长度	明文、密文对称	加解密运算
RSA	需要 2 个大素数	适中	不对称	复杂度高
本节算法	1 个随机大数	稍长	对称	复杂度低

加解密运算实验分析

令式(5.5.10)中 t 采用 100 位长随机数,明文、密文位长规格为 $17(k=8)$,进行算法实验,并与 RSA 的运行时效做比较。

首先，给出一个加解密算例。大数 t：

$5257089291163000945703265622844793960455052740988380996484632786098919966329411359041777916801324l669$

公钥 $u = \sum_{i=0}^{2k} (-1)^i (10t)^{2k-i}$：

$34034992285866156223795699562177764979172583772952714369549917080565970211282052970527986561486179524498522912430043667082254151096564946134256320088991192344505621125412901019675693891349268922391445349168542401891038606407721229130529475263012627836619981581606717242366222217503554092426101779115614775665887552569518091137904311024253965179255527514554403180460588075345317062228703185647116119977073833351940888785383219950617965977936218345086000132220l334533624628251693012628804878472447720080116872828673607880716180838339229853387573347131739449688363837958848888528269857001443169369661324194029181242881640655728593554953091251375012039133275390192912874731595130673637962359737053274259982916420571317547289361659073206910101218170987003910975481345575791169200338307049058439440649089387568380316764234509254192979208683160803820635112937135338128786774822530151700345142141472413511676865348792828278253550112848623163374249493557482762228044870143039699333601252233703666445768893834745688699863742422609496630763204501865987502199626510255221635212139178426410861758255042816159916703244811560922941561428089838711928317988599068603922679187251202281334048237999730898144586083665224134270696233030074767942293268134626699357320739623256717098974050574151 38

34787095396203575309431571226874365699019165958612893036753921069027533078711096475136323234453975991409904993231491945899066488793017495010010147463462266396578285510099701019445426128966640392505220109861527298311237561955925158900372130390609731920997400370244155697998280323572490944209279675947978616039627728027711052802911671942311

私钥 $v = 10t + 1$:

525708929116300094570326562284479396045505274098838099964846327860989199663294113590417779168013241671

明文:*23469712362213198*

密文:*99672047097660738*

解密结果:*23469712362213198*

其次,使用 RSA 与本节算法做运算时效对比实验。RSA 算法运行不包含大素数选取、密钥生成,只从明文加密再解密恢复的一轮运算时间着手,并且代码经过优化[6];而本节算法包含大数选取(随机生成一个百位长大数),再进行密钥生成,然后对明文加密再解密的一轮运算的总和时间,但代码未经过优化。由于双方对明文处理的块长度都不一样,所以两个算法处理时间再除以分别使用的大数的位数,这样可以显示在某个相同基准上衡量两个算法的运算占时(图 5.5.3 的纵轴)。从图 5.5.3 可以看出对选取的五个算例(图 5.5.3 的横轴)本节算法比 RSA 运算占时少了三十多倍。

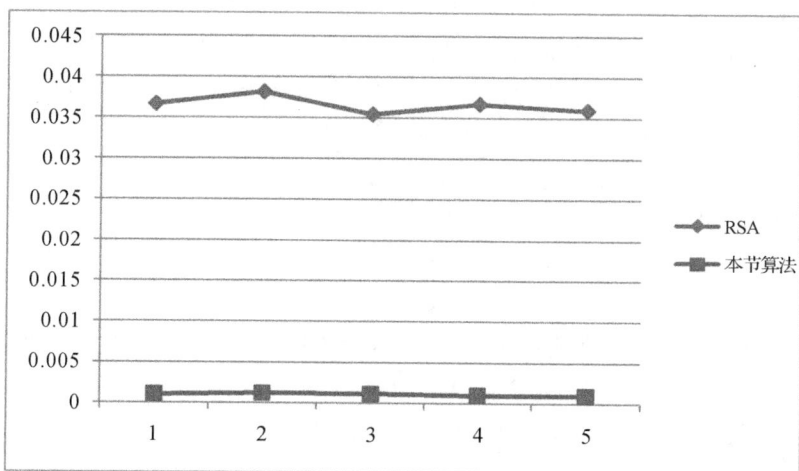

图 5.5.3 RSA 和本节算法的运行时效比较

TOY 级密码的破解

由式(5.5.17)在已知 U 时并不直接去攻破大数 t，而是考虑 $VU = t^{2k+1}10^{2k+1}+1$ 的变形，即是否存在正整数 t_1 和 t_2 使得

$$f(t_1) \cdot U = g(t_2) \cdot 10^{2k+1}+1 \qquad (5.5.20)$$

成立。对于输入明文 $x_{2k+1}\cdots x_2 x_1$，则

$$\begin{aligned}
&f(t_1) \cdot U \cdot x_{2k+1}\cdots x_2 x_1\\
&= \left[g(t_2) \cdot 10^{2k+1}+1\right] \cdot x_{2k+1}\cdots x_2 x_1\\
&= g(t_2) \cdot 10^{2k+1} \cdot x_{2k+1}\cdots x_2 x_1 + \cdot x_{2k+1}\cdots x_2 x_1\\
&= x_{2k+1}\cdots x_2 x_1 \qquad (5.5.20)
\end{aligned}$$

而

$$\begin{aligned}
f(t_1) \cdot U \cdot x_{2k+1}\cdots x_2 x_1 &= f(t_1) \cdot U \cdot x_{2k+1}\cdots x_2 x_1\\
&= U \cdot f(t_1) \cdot \cdot x_{2k+1}\cdots x_2 x_1
\end{aligned}$$

$$(5.5.21)$$

可见 $f(t_1)$ 起的作用是相当于私钥，但并不依赖于得出 t 的，自然 $g(t_2)$ 也不需要依赖于得出 t 的。由于 U 的末尾是 1，所以 U 与 10^{2k+1} 互素，显然由式(5.5.20)得到

$$f(t_1) \cdot U - g(t_2) \cdot 10^{2k+1} = 1 \qquad (5.5.21)$$

满足式(5.5.21)的 $f(t_1)$ 和 $g(t_2)$ 是存在的。但这里还要说明一个问题就是 $g(t_2)$ 必须为正的。事实上如果不是这样,那么假设为

$$-f(t_1) \cdot U + g(t_2) \cdot 10^{2k+1} = 1 \qquad (5.5.22)$$

且不失一般性,设 $g(t_2) < U$,那么一定有 $10^{2k+1} > f(t_1)$(为什么?),于是考虑

$$(10^{2k+1} - f(t_1)) \cdot U + (g(t_2) - U) \cdot 10^{2k+1} = 1 \qquad (5.5.23)$$

这样就得到 $(g(t_2) - U)$ 为负数了。

前面说过满足式(5.5.21)的 $f(t_1)$ 和 $g(t_2)$ 是存在的,可以通过 U 和 10^{2k+1} 的辗转相除法来得到。辗转相除法的时间复杂度是 $O(\lg(10^{2k+1})) = O(k)$,所以整个密码算法是不难破译的。

习　题

1. 轮式密码如题 1 图所示。

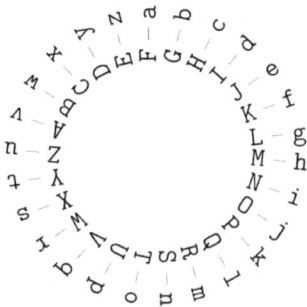

题 1 图　轮式密码

(a) 对下列明文进行编码:

A page of history is worth a volume of logic.

(b)解密下列密文:

AOLYLHYLUVZLJYLAZILAALYAOHUAOLZLJYLA
ZAOHALCLYFIVKFNBLZZLZ

第五章　密码理论

（c）解密下列密文：

XJHRFTNZHMZGAHIUETXZJNBWNU

TRHEPOMDNBJMAUGORFAOIZOCC

2.证明一次一密系统具备完善保密性当且仅当 $P(C\mid M)=P(C)$，其中 M 为明文消息，C 为密文。

3.是否存在使用 $x\,\underbrace{00\cdots01}_{16\ zeros}$ 因子的处理 16 位十进制明文的非对称密码？

4.在 RSA 中选定了 e 后如何求对 $\varphi(N)$ 的模逆元？

5.明文 $m=14,e=3,p=5,q=11$，说明使用 RSA 进行加密解密。

6.在 RSA 中 $e=5,p=5,q=7,N=35,c=10$，求明文。

7.在 RSA 中 $e=7,p=11,q=17$，求 d。

8.在 RSA 中 $e=7,p=11,q=7$，求 d。

9.编程实现 TOY 级非对称加密，算法规格是加密 17 位长十进制数，大整数 t 长度 100 位。

10.使用辗转相除法证明满足式（5.5.21）的 $f(t_1)$ 和 $g(t_2)$ 是存在的。

参考文献

［1］邸继征. 信息论和密码学［M］. 2版. 北京：科学出版社，2013.

［2］林东岱. 代数学基础与有限域［M］. 北京：高等教育出版社，2006.

［3］孟庆生. 信息论［M］. 2版. 西安：西安交通大学出版社，1986.

［4］David J C M. Information Theory, Inference, and Learning Algorithms ［EB/OL］. http://www. inference. org. uk/mackay/itila/

［5］Khalid S. Lossless Compression Handbook Communications, Networking and Multimedia ［M］. Amsterdam：Elsevier, 2002.

［6］Thomas M C, Joy A T. 信息论基础［M］. 阮吉寿，张华，译. 北京：机械工业出版社，2008.